筑摩選書

山際康之
Yamagiwa Yasuyuki

# プロ野球 vs. オリンピック

幻の東京五輪とベーブ・ルース監督計画

# プロ野球vs.オリンピック――幻の東京五輪とベーブ・ルース監督計画　目次

# プロ野球vs.オリンピック——幻の東京五輪とベーブ・ルース監督計画

注記
○カッコ内などの引用文は、旧漢字から新漢字などへ変更しているものがある。また、読みやすさや表現方法を考慮し、句読点の有無、ひらがな、漢字などへ変更しているものがある。
○登場する人物の名前は、旧漢字から新漢字などへ変更しているものがある。例えば、日本職業野球連盟への選手登録時名の「澤村榮治」は、「沢村栄治」としている。

# はじめに

昭和六年、日米野球が開催され全米チームが来日した。迎え撃つ全日本は、主催する読売新聞社による投票によって選ばれた六大学のオールスター選手たちである。しかし、対戦は本場の大リーグ選手たちに敵うはずもなく全敗となった。それでも読者の関心をひき、いずれの球場も盛況だったことから、読売新聞社社長の正力松太郎《しょうりきまつたろう》は二回目の日米野球を計画した。

ところが、これに眉をひそめたのが文部省である。学生が興行に出場するとはなにごとかと、プロとの試合を禁ずる野球統制令を発表したのだった。ベーブ・ルースの来日が決まり、日米野球に出場するため選手たちは、学校を中退して参加するか、それともアマチュアとしてとどまり野球を続けるかの選択を迫られた。

慶應義塾大学への進学を考えていた京都商業の沢村栄治は、身の振り方に悩みながらも家族をささえるためにとプロの道を選んだ。そんななかベルリンオリンピックで野球が公開競技に採用された。まさにそれは、沢村が出場しようとしていた日米野球の直前の出来事であった。慶應にすすんでいれば、世界最高峰の大会に出場できたかもしれない。はたして、選んだ道は正しかったのだろうか。

巨人軍が発足すると職業野球リーグの計画がすすみ新聞社、鉄道会社によるチームが次々と名乗りをあげ、各球団による選手獲得の争奪戦がはじまった。交渉にあたったのは新聞記者、百貨店の店員、映画やバス会社に勤務する者など、それまで野球とは無縁だった素人ばかりである。彼らは野球を商売にすることに対する世間の偏見のなか、他チームの契約の矛盾をつき白紙にしたり、なかば誘拐同然に野球部の合宿所から誘い出すなど、あの手この手の作戦を繰り広げていく。

ときを同じくしてオリンピックに意欲的な米国は、なんとベーブ・ルースをベルリン大会の代表チーム監督にすると発表してきた。さらには、ベルリンの次の開催地として東京が立候補した。東京オリンピックが決まれば野球競技の実施は確実である。

迎え撃つ職業野球団の交渉人たちは、オリンピックというとてつもない大きな相手に挑み選手の獲得を目指すことになった。

一方、人生の岐路にたった選手たちも沢村と同様に苦悩する。アマチュアとして野球を続ければ憧れの六大学でプレーできる。その先には夢のオリンピックが待っている。しかし、母ひとり、たくさんの兄弟、日々の暮らしは厳しい。自分が職業野球団へ入れば大金を手にし、家族を楽にすることができる。

憧れの六大学ひいてはオリンピックか。それとも職業野球へ挑戦か。予想だにしない日中戦争が勃発して社会が混迷する状況で、はたして、選手たちの選択は……。

本書は、プロ野球創成期とあわせてベルリンオリンピック、さらには昭和一五年の幻の東京オリンピックとなった時代を舞台に、未知の職業野球に飛び込んでいった若者と、球団創設に奔走した人々を題材にしたノンフィクション作品である。

埋もれたオリンピック野球の逸話を交えながら、ベーブ・ルース、ゲーリッグ、そして沢村、景浦らの名選手をはじめ、大リーグ入りを誘われた投手や巨人軍のユニフォームに袖を通すはずだった強打者などのプロ野球史に埋もれた選手たちが登場し、話は展開していく。現在のプロ野球の礎となった男たちの姿を知っていただければ幸いである。

# 第1章

# プロとアマ

なんという豪華な顔ぶれであろうか。東京六大学の花形たちが一堂に集まった夢のチームに、紙面を見た誰しもが心躍らせた。しかも、その一人ひとりが自分たちで投票したお目当ての選手となればなおさらである。

昭和六年一〇月八日、ルー・ゲーリッグらの全米チームが発表された。日米野球を主催する読売新聞社は、開催に向けて大リーグの近況や来日する選手を紹介する一方で、対戦する全日本チームの選手を選抜するとして、各守備位置とピンチヒッター、ピンチランナーそれぞれ一名を、葉書で投票するように呼び掛けた。いまや野球は東京六大学を頂点に圧倒的な人気を博している。興味をひかないわけがない。

購読者の獲得を目論んだ読売新聞社社長の正力松太郎は、すかさず投票の途中経過を、「第一人者は誰ぞ」、「俄然、波瀾起る」といった見出しを連日のように伝えると、読者熱を煽っていった。

やはり投手は早稲田の伊達だろう。いやいや慶應の宮武の方が上だ！　正力の狙いは見事に当たったとみえる。誰しもが競うように票を投じるようになると、まるで白熱する応援合戦のような様相になっていった。葉書の数は日に日に増え続け、一カ月にも満たないというのに、一〇万票以上にも達するほどの勢いである。

投票が締め切られると集計がはじまった。新聞社に届けられた葉書の山を目の前にして、一〇名余りの整理担当者は汗だくの作業である。注目の発表のなかで、投票数の一番は早稲田大学出身の久慈次郎で、なんと一二万四八三六もの票を獲得した。明治大学の桝喜一や松井久も負けじと一〇万票以上を突破している。

早速、東京大学野球連盟会長である安部磯雄らの選考委員は、集計結果に基づいて最終的な審議を行うと、全日本チームの人選を決定した。選ばれた者は、最高得票数だった捕手の久慈はもとより、六大学の学生や卒業者ばかりで実績も人気も兼ね備えた二七名である。

投手は、この春の早慶戦で三連投した早稲田大学の伊達正男、投げるばかりか大きな本塁打を飛ばす慶應義塾大学出身の宮武三郎らだ。野手に目を移すと、同じく慶應から強打者の山下実や華麗な守備を見せる法政大学の苅田久徳の名前がある。守備以外に特別に設けられたピンチランナーでは、明治大学で快速の田部武雄が選出された。

投手　伊達正男（早稲田大学）　若林忠志（法政大学）
　　　宮武三郎（慶應義塾大学出身）
　　　辻猛（立教大学）　渡辺大陸（明治大学出身）

捕手　小川年安（慶應義塾大学）　久慈次郎（早稲田大学出身）
　　井野川利春（明治大学）
一塁手　山下実（慶應義塾大学出身）　松木謙治郎（明治大学）
二塁手　三原脩（早稲田大学）　吉相金次郎（明治大学）
三塁手　水原茂（慶應義塾大学）　角田隆良（明治大学）　佐伯喜三郎（早稲田大学）
遊撃手　苅田久徳（法政大学）　富永時夫（早稲田大学）
左翼手　松井久（明治大学）　井川喜代一（慶應義塾大学）
中堅手　桝喜一（明治大学）　楠見幸信（慶應義塾大学）
右翼手　堀定一（慶應義塾大学）　永井武雄（慶應義塾大学出身）
ピンチヒッター　佐藤茂美（早稲田大学）　森茂雄（早稲田大学出身）
ピンチランナー　齋藤辰夫（立教大学出身）　田部武雄（明治大学）

誰しもが認める最強の布陣といえるだろう。全米チームの来訪前日に、東京市は紀元二千六百年にあたる昭和一五年に第一二回オリンピックを東京で開催することを求める建議案を満場一致で可決していた。もし野球が競技として実施されれば、さしずめ代表選手といったところだ。

その一員となった伊達は、「日本学生野球の真髄を示したい」とし、また球を受ける久慈も、「一代の名誉と存じ腕の続く限り奮闘したい」と抱負を語った。あとは、全米チームの到着を待つだけである。オリンピックさながらの国際大会に期待が高まった。

## 学生野球の壁

一〇月二九日、米国代表のハーバード・ハンターに率いられて全米チーム一四名の大リーグ選手が来日した。街では読売新聞社がつくった日米野球行進曲が流れ歓迎一色である。日本の一流選手が集まったチームの実力はどのくらいのものだろうか。たびたび日本を訪れては学生を指導していたハンターは、これからはじまる交流試合を心待ちにした。

我野球界の第一人者は誰？

今秋來朝の米國野球團と對戰

野球ファンの投票を募る

投票心得

銓衡委員

安部磯雄氏
平沼亮三氏
戸田公平氏
武満國雄氏
直木松太郎氏
河野安通志氏
腰本壽氏
岡田源三郎氏
藤田信男氏
永田庚二氏
小林悟一氏
市岡忠男氏

全日本代表最強チームを編成

讀賣新聞社

ファン投票で全日本を選抜（読売新聞、昭和6年9月7日、国立国会図書館所蔵）

対戦は全日本のほかに大学や実業団などが予定されている。まず手始めは立教大学とである。満員になった神宮球場で

新聞社に送られた葉書の山（読売新聞、昭和6年10月2日、国立国会図書館所蔵）

は、読売新聞社運動部長の市岡忠男によってマウンドまで導かれた文部大臣の田中隆三が始球式を務めるために登場した。田中が捕手役のキャメロン・フォーブス米国大使に向かって日米を結ぶ親善の第一球を投げ込むと、われんばかりの拍手となった。

さあ、いよいよ試合開始だ。六大学の水準の高さは誰しもが認めるところである。ところが、いざ試合に臨んでみると、そこは本場の大リーグである。そう簡単に勝てるわけがない。それどころか、立教大学の選手たちは外国人との試合に慣れていないためなのか、萎縮して手も足も出ない。気がつけば七対〇の完敗であった。

日本一の投手の出番で、こんどこそ、いい勝負になるはずだ。続く第二戦は早稲田大学とである。先発の伊達は投手のみならず、打者としても首位打者を獲得したこともあるなかなかの腕前で四番に名を連ねていた。スタンドからの声援に応えようと、伊達は五回まで全米を一点に抑える見事な出来である。チームも彼の好投に応えようと六回表に同点とすると、七回に一挙四点をあげて逆転した。

残すところ、あと三回である。この調子でいけば勝利も夢ではない。伊達は胸の鼓動が高まるのを覚えた。思いは観客も同じで、満員の球場はたいへんな騒ぎである。

　来日した選手たちの世話をしていた鈴木惣太郎は、全米側のベンチで試合を観ていたが、投手のローレンス・フレンチが伊達について、完全な投げ方でカーブも非常によいので警戒する必要があると述べていたのを思い出した。米国の選手たちは日本に来てから練習の傍ら六大学の選手たちを指導していたが、同行していた惣太郎はそのとき耳にしていたのである。どうやらフレンチの予感は当たったようだ。

　弱腰になっているベンチの空気を察したようで、チームの中心にいるゲーリッ

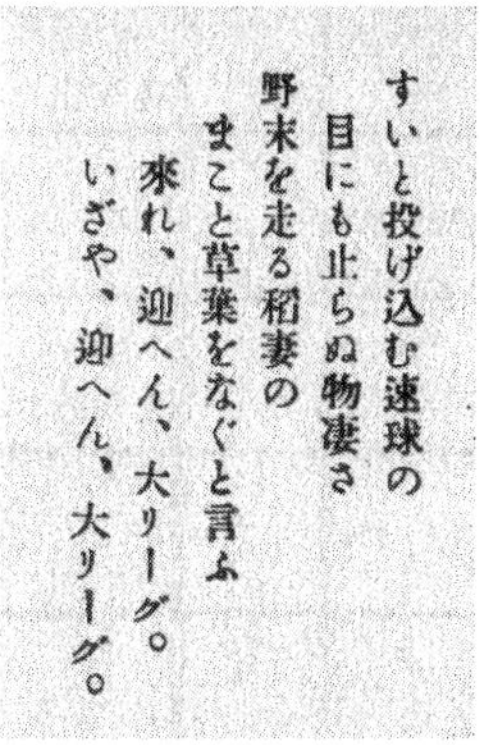


日米野球行進曲（山際康之所蔵）

田中文部大臣の始球式（スポーツ2巻1号、昭和7年1年月1日、山際康之所蔵）

グが物凄い剣幕で怒鳴った。

「オレ達ビッグ・リーガーは、学生選手に負けるために日本に来たのじゃない」

　すると、そのことばに奮起したのか、本当の力を見せてやれといわんばかりに、選手たちの目の色が変わっていった。なんと七回裏の攻撃に入るや、伊達を一気に打ち崩して七点をあげて試合をひっくり返してしまったのである。そこへもって凄いことに、八回から、「煙の如き超速球」と新聞で紹介されていたレフティ・グローブが登板するやいなや、わずか二一球で六者連続三振に切って取ってしまった。

　いったい、なにがあったんだ？　あっという間の出来事に観客も唖然とするばかりだ。終わってみれば八対五で全米の圧勝だった。

　プロフェッショナルとは、こういうものか。勝利まで、あと一歩のように見えたが、力の差は歴然である。惣太郎は米国生活の経験から、これまで随分と大リーグの試合を観てきたつもりだったが、改めて技術は無論のこと、勝つための執念を目の当たりにして、根本的な優劣をまざまざと見せつけられたような気分であった。

やはり学生を中心にした体制では限界がある。日本にも組織化された職業野球団が必要だ。かねがね惣太郎は、隆盛を続ける大リーグのような運営ができないかと思い描いていた。

全米の一員として来日していたブルックリン・ドジャース外野手のフランク・オドールにも以前、相談したことがあった。惣太郎と交友のある彼は、職業野球団の設立に努力しようと約束をしてくれている。どうやら時機到来のようだ。

米国相手に好投した伊達〔右下〕（読売新聞、昭和6年11月9日、国立国会図書館所蔵）

試合が終わり読売新聞社に戻ってはみたものの惣太郎は、職業野球団のことが気になってしようがなかった。ここは少し時間をとって妙案がないかと思案したいところだが、そうゆっくりともしていられない。実のところ米国側との交渉ごとがまだ残っていた。惣太郎は市岡と連れ立って、全米チームが滞在する帝国ホテルへ向かうことにした。

煙の如き超速球と紹介されたグローブ（ベースボール3巻1号、昭和7年1月1日、山際康之所蔵）

　ところがどうしたことか。いつもより足取りが重く、惣太郎のそばを歩く市岡も口をつぐんだままである。もしや先ほどの試合が気になるのであろうか。無理もない。彼は、これから対戦予定の全日本チームの監督もかねていたから、さぞや学生たちの出来が歯がゆかったに違いない。

　どれだけ歩いたのだろうか。惣太郎は、あれやこれやと考えていた、そのときである。突然、市岡が口を開いた。

「惣さん、職業野球を日本に興そうじゃないか」

えッ。いきなりの提案に惣太郎は驚きながらも、やはり市岡も自分と同じことを考えていたことを知った。無論、断る理由などない。惣太郎は迷うことなくうなずいた。

## ゲーリッグからの誘い

もともと市岡は、読売新聞社に入社する前は早稲田大学野球部の監督をしていた。二度もリーグ優勝へ導いた指導者で、全米との試合で好投した伊達は、まさに教え子である。辞任したのは、いまから一年ほど前の秋季リーグ戦がはじまった頃だった。

いったい、なにがあったというのだ。突然の出来事に選手たちが衝撃を受けたことはいうまでもない。チームが動揺するなか、市岡は声明文を発表した。その内容はというと、「河野安通志氏を総務として迎えたる今日自分の退くにもっとも適当な時機である」と述べた。

一方、名前のあがった河野はというと、「選手をあたかも人形の如く取扱う従来の監督の方法についてはスポーツ本来の精神からいってあきたらなく思っている」と意味ありげである。市岡にとって河野は早稲田大学の先輩にあたるが、チーム全体を見る総務と現場の監督との意見の相違があったのかもしれない。

絶好の機会だ！　市岡を読売新聞社に迎え入れよう。野球界の大物の辞任に飛びついたのは、かねてより日米野球を企てていた正力である。自らが出向くと、市岡を口説きにかかった。だが、正力がいくら時間をかけて説得してもいっこうに首を縦に振ろうとしなかった。痺れを切らした正力は、ならばと奥の手を披露した。

「読売はアメリカからチームを呼ぶんだ」

大リーグを日本に招いて試合をするというのか。なんという大胆な計画であろう。もし本

早大監督を辭した
市岡氏本社に入る
永き經驗と薀蓄を傾けて
本紙上に野球戰評
讀賣新聞社

読売に入社した市岡（読売新聞、昭和5年9月24日、国立国会図書館所蔵）

当だとすれば実に愉快な話じゃないか。これには、さすがの市岡も心をつかまれたようで、入社に同意したのであった。

正力は、よほど嬉しかったのであろう。翌日の紙面で、「市岡氏本社に入る」として顔写真入りで発表した。

かくして市岡は、正力の期待を背負い、日米野球の実現へ向けた奔走の日々となった。米国側の窓口であるハンターとの交渉が具体的になってくると、どう読者に宣伝していくかが焦点になっていった。しかし、次から次へと飛び込んでくる仕事のなかで市岡は、とても落ち着いてペンを持つ暇などない。

そこで白羽の矢が立ったのが惣太郎である。これまでに彼は、読売新聞に、「米国の野球はどう動く」という題名で連載を担当していた。惣太郎は米国暮らしの経験から、英語が堪能で大リーグの選手との交流もある。もってこいの人材といえた。

こよなく野球を愛する惣太郎にとっても魅力的な話であった。彼は市岡の申し出を快諾すると、「米国野球史」や「来朝選手を描く」と題した連載に次々に取組み広報活動をすすめていった。そして二人は、いまようやく日米野球の実現にこぎつけることができたのである。

ここまで日本は、ひとつの勝ち星もない。次なる全米チームの相手は、市岡が監督となって指揮する全日本とである。自分たちの手で投票した選手たちだから、ぜひとも球場で応援したいと、前橋の敷島公園球場は、前夜から泊まり込みの客が押し寄せ、急場でこしらえた桟敷までいっぱいになった。

しかし試合はというと、観客の願いとは裏腹になんとも不甲斐ない、一四対一の惨敗であった。個々の選手の技能が優れていても、所詮、即席のチームである。連係ができていない。全日本に選抜された名誉も忘れて、どこか気迫負けしているようにもみえた。これでは、はなから勝てるわけがない。

かさねてゲーリッグの右手に球を当ててしまうという失態まで起こしたから始末が悪い。故意ではないにせよ、相手は一流の大リーグ選手である。もし来年の公式戦に支障がでればたいへんなことになる。さいわいゲーリッグの紳士的な対応で大ごとにはならなかったが、なんともすっきりしない結果となってしまった。

万が一のことがあってはならぬとゲーリッグは、用心のためしばらくチームから離れて休

死球で欠場したゲーリッグ（ベースボール3巻1号，昭和7年1月1日，山際康之所蔵）

むことになった。怪我の具合は大丈夫だろうかと心配になった伊達は、流暢な英語を話す明治大学野球部のマネージャーだった松本瀧蔵らとともに、帝国ホテルにほど近い東京会館で面会することにした。

一同の前に現れたゲーリッグは、どうやら元気そうである。彼は見事な投球で全米を追い詰めた青年を見つけると嬉しそうにした。なにせ伊達の存在は米国選手たちも認めるところで、ゲーリッグも慶應の宮武とともに彼を高く評価していた。未来の日本を背負うであろう若き投手に向かってゲーリックは、投球のコツから打撃方法まで野球にまつわるさまざまな話をしてみせた。

一流の大リーグ選手が、ひとりの学生に対して丁寧に指導することなどめったにない。感激した伊達は、思わずそばに置いてあった便箋を手に取るとメモをとりはじめた。そんなまじめな姿をみてか、ゲーリッグは若き投手に問いかけた。

「君に、もしそういう意志があればヤンキースへこないか。君が来るというのであれば、ぼくはオーナーに諮《はか》って、入団できるように努力する」

えッ！　突然の申し出に伊達は、驚きと喜びを隠せない。ヤンキースといっても、おそらく支配下のチームに違いないだろうが、名誉であることにかわりない。しかし感激もつかの間、彼の頭に現実がよぎった。残り一年余りの学生生活を終えると兵役が待っている。我に返ると、「お誘いはありがたいが……」と、後ろ髪を引かれる思いで断らざるをえなかった。米国では野球で食べていける。日本にも職業野球団があれば。伊達は、ゲーリッグのことばを心に刻みながら便箋を大切にしまったのだった。

## 文部省訓令

日米野球による購読者の獲得を見込んだ正力の思惑は、それまで野球に興味のなかった人々が関心を示すほどの反響で成功裡に終えた。とはいっても成績の方は、一七戦全敗とまったく振るわなかった。惣太郎と市岡が浮かない顔をしているのもうなずける。

そればかりではない。年が明けた昭和七年三月、二人にとって耳を疑うような訓令が文部省から発令された。それは、「野球ノ統制並施行ニ関スル件」である。

前年に文部大臣の田中は、省内に設置した体育運動審議会に対して、「体育運動競技の健全なる施行方法に関する件」について諮問していた。審議会での議論を経ると、文部省は野球統制臨時委員会を設けて検討の末、昭和七年四月一日より訓令の施行を決定したのだった。

　数ある競技のなかから野球が対象になった背景には、六大学や甲子園球場での中等学校大会に人気が高まり、各地域の新聞社主催による大会が興行のごとく横行しはじめたからであった。その問題の構造は、勝つために選手を獲得し、その競争が激化すると金が動く。そして、チームが強化されて人気が高まると、こんどは選手を広告に悪用しようとする、いわゆるマネキン化が氾濫していくといった連鎖である。選手の方にも問題児がいて、なんと所属する学校とは異なる実業団チームへ雇われ、内職をする不届き者まで現れる始末であった。こうなると完全にアマチュアの域を越えている。

　本来であれば自らの組織で改善すべきことであるが、野球には全国的な統制組織がなく規制が遅れていたことも拍車をかけた。これ以上は待てないと判断した文部省が浄化に乗り出した結果が訓令だった。

　その中身はというと、小学校、中等学校、大学及び高等専門学校のそれぞれの教育機関に対して、大会への参加や入場料の徴収、応援などを細かく定めたものである。なかでも惣太郎と市岡が目を疑ったのは、「学校選手ハ職業選手ト試合ヲ行フヲ得ザルコト但シ学校長及文部省ノ承認アル場合ハ此ノ限ニ在ラザルコト」という事項である。つい先日、開催された

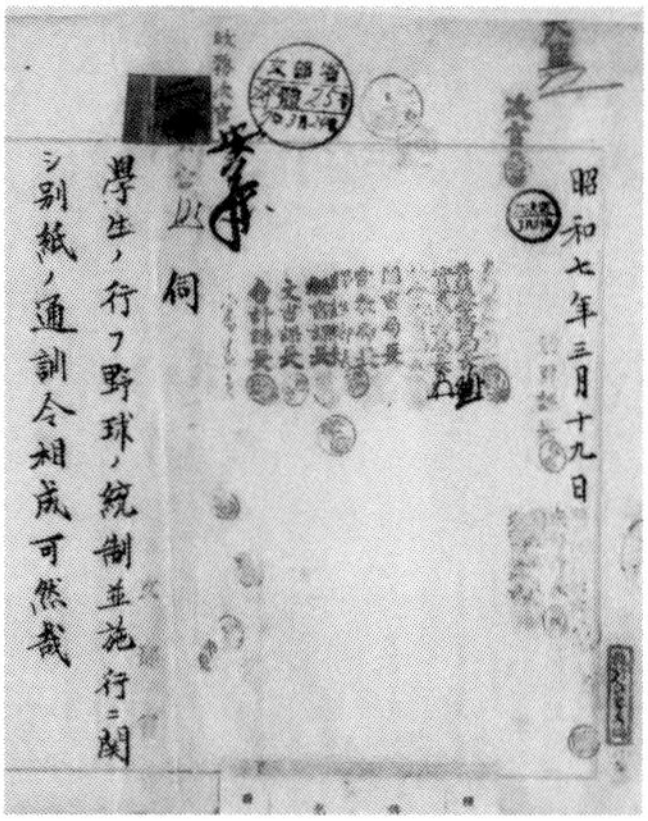

昭和七年三月十九日

伺

學生ノ行フ野球ノ統制並施行ニ關シ別紙ノ通訓令相成可然哉

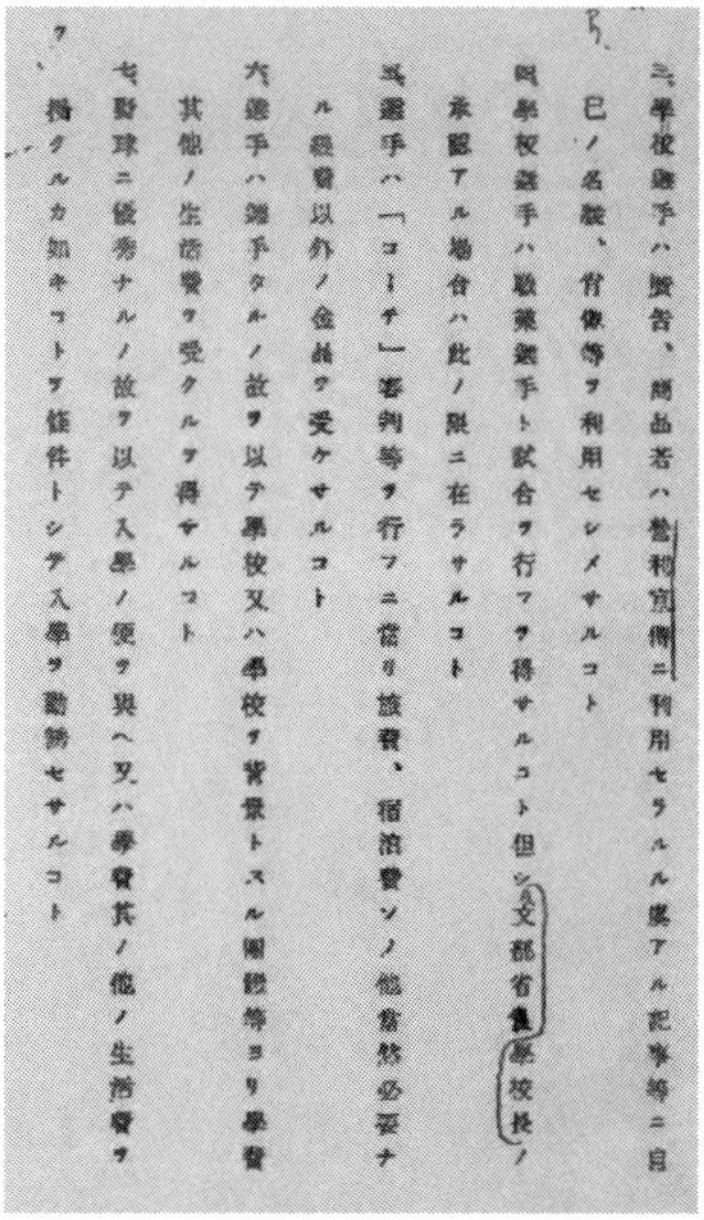

三、學校選手ハ廣告、商品若ハ營利宣傳ニ利用セラルル虞アル記事等ニ自已ノ名義、肖像等ヲ利用セシメサルコト

四、學校選手ハ職業選手ト試合ヲ行フヲ得サルコト但シ文部省及學校長ノ承認アル場合ハ此ノ限ニ在ラサルコト

五、選手ハ「コーチ」審判等ヲ行フニ當リ旅費、宿泊費ソノ他當然必要ナル經費以外ノ金品ヲ受ケサルコト

六、選手ハ選手タルノ故ヲ以テ學校又ハ學校ヲ背景トスル團體等ヨリ學費其他ノ生活費ヲ受クルヲ得サルコト

七、野球ニ優秀ナルノ故ヲ以テ入學ノ便ヲ與ヘ又ハ學費其ノ他ノ生活費ヲ得クルカ如キコトヲ條件トシテ入學ヲ勸誘セサルコト

学生ノ行フ野球ノ統制並施行ニ関スル件の原案（国立公文書館所蔵）

ばかりの日米野球を意識してのことは明らかだ。これでは二度と大リーグ相手に試合ができなくなってしまう。

政府がひとつの競技にここまで介入するのは、誰がみてもやりすぎである。当然ながら、野球の発達を妨害し、時代に逆行したものだと世間から批判が噴出した。

雑誌「野球界」では、役人ならではの愚案だと、主導的な役割をはたした文部省体育課長の山川建を名指しで非難した。市岡も、「頗る束縛的で、せっかく普及発達してきた野球技に大きな影響をあたえるであろう」と評した。

これに対して野球ファンだという山川は、遺憾だとして断じて弾圧ではないと反論した。あくまでも訓令は、野球を統制する組織がないので、臨時的に文部省が統制に当たるとした。

しかし、具体的な話におよぶと彼は辛辣な意見を発した。職業野球は、「選手の品性なり行動なりは、興行者として一種の特質を持って」いるとしたうえで、「職業選手とアマチュアの選手と競技をすることは、アマチュアスポーツの堕落である」といい切ったのである。

また訓令では、「但シ学校長及文部省ノ承認アル場合ハ此ノ限ニ在ラザルコト」とうたわれていたが、「普通一般には承認をあたえない方針でおります」と事実上、特例がないことを断言した。もし規則をやぶったならば、その選手はアマチュアの資格を失って、競技に出場できなくなると、かなり手厳しい。

ちぇッ。こりゃ、当てつけだな。市岡が嘆くのも当然であろう。文部大臣の田中は日米野球で始球式までしている。試合観戦後には、「日米野球戦の素晴らしい盛観を目の当りにして、我が新興スポーツの将来を慶賀したい気持ちがする」とまでいっていたはずだ。総理大臣の若槻礼次郎も米国選手とその家族を招いて歓迎の会を開催するもてなしぶりであった。いまでは若槻から犬養首相にかわったものの、手のひらを返したような政府の姿勢に到底納得できない。

しかし訓令が出てしまったいまとなっては、もうどうすることもできまい。どうしたものか。いや、こうした危機こそ絶好の機会だ。惣太郎と市岡は職業野球団の発足に向けて動き出した。

## **株式会社東京臨海野球場**

新しい事業には同志が必要だと市岡は、大学の先輩である浅沼誉夫と慶應義塾大学出身の三宅大輔に声をかけることにした。

浅沼は早稲田大学の野球部で主将だったが、いまは学習院の監督をしている。三宅もやはり慶應で主将を務めて、かつては母校の監督をしていた。市岡とは大学は違うが、ともに同時期に活躍した仲である。惣太郎も含めて早慶出身と大リーグ通による顔ぶれで申し分ない。知恵を出し合えばなんとかなるはずだ。

四人が拠点にしたのは、読売新聞社の講堂の片隅である。場所を借りるための費用もかからず、多忙な市岡にとってもありがたい。それにしても、何故、講堂かといえば、日米野球後、新聞社は急速に拡大したため社内は雑踏のような状況で、落ち着いて打ち合わせをする場所がなくなっていた。やむなく社員は、応接室代わりに講堂を利用していたのであった。読売新聞社とは関係ない込み入った話で、他人に聞かれると少々困るがしょうがあるまい。

会合は連日のように行われた。三宅はたびたび妙案を披露してみせたが、対する三人の反

急速な拡大により手狭になった読売新聞社社内〔上〕（山際康之所蔵）
惣太郎ら4人が拠点にした新聞社の講堂〔下〕（山際康之所蔵）

応はバラバラである。口角泡を飛ばしながら、白熱していくと収拾がつかないことも間々ある。これでは意見が発散するばかりで、まとまる話もまとまらない。

　そこで四人は、市岡を最終的な意思決定者として合意を図っていくことにした。それぞれの役割が決まってくると、いつのまにか進行も円滑になっていく。議論の末、出来上がった骨子は、資本金二〇〇万円の株式会社を設立し、本拠地となる球場を構えた日本最強のチームを編成するというものであった。三宅が練った資本金の内訳は、球場の土地代五〇万円、建設費五〇万円、選手集めに五〇万円、そして予備費としての五〇万円である。これだけあれば、なんとかなるだろう。

球場の建設を主張したのは浅沼である。彼は球団だけではなく、球場を持たねばならぬと訴えた。これには他の三人も同感で、野球を事業にするからには、なんといっても客を呼び込むための専用の施設がほしいと熱望した。候補地としてあがったのは、小石川にある砲兵工廠の跡地であった。どうやら広さは充分にありそうだ。かたちある球場の話題は誰しも想像がしやすい。夢が膨らんだ。

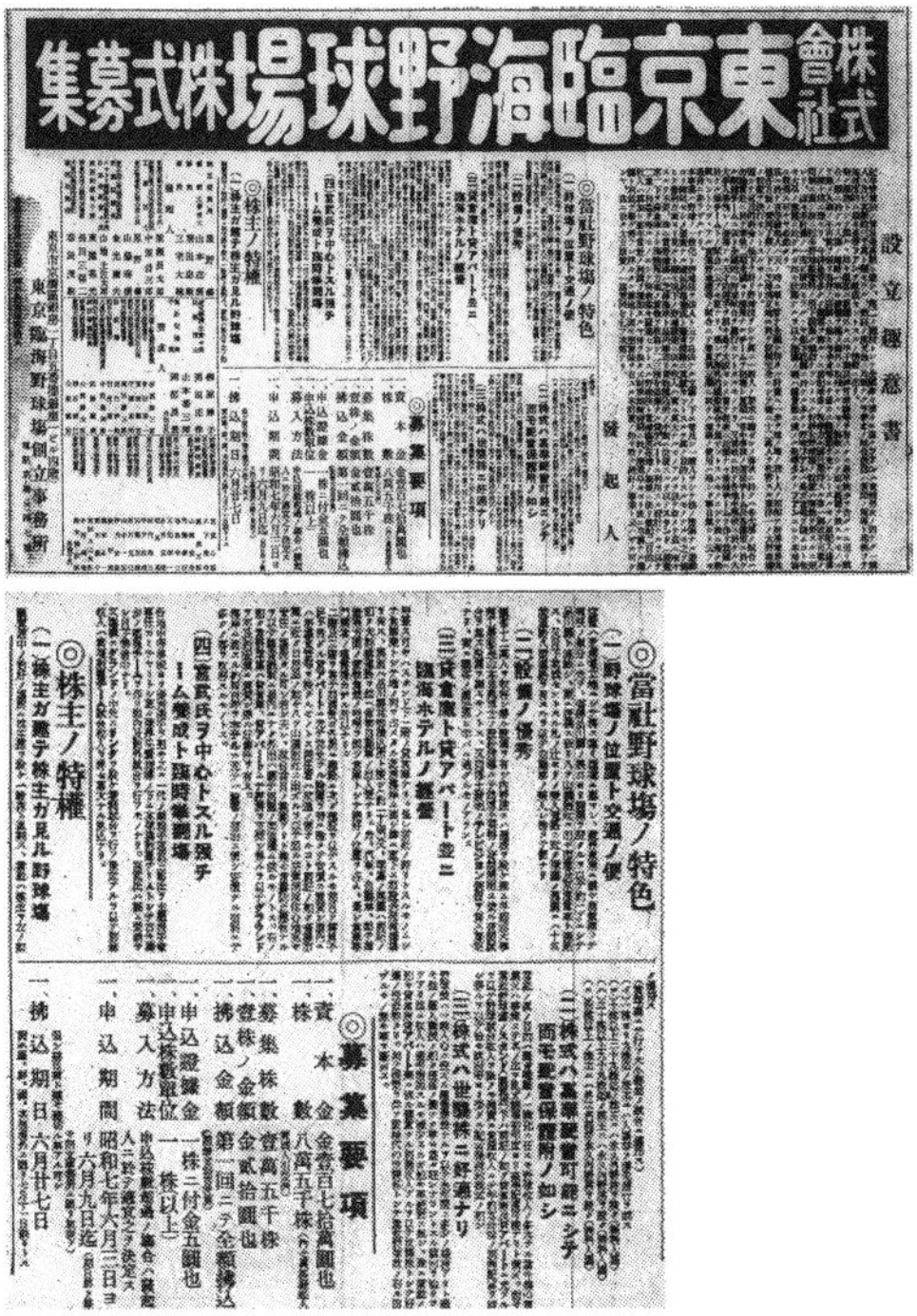

東京臨海野球場の株式募集広告（東京朝日新聞、昭和7年6月3日、国立国会図書館所蔵）

ところが、四人の計画を見透かしたように、突如、東京朝日新聞に、「東京臨海野球場株式募集」という広告が発表されたのだった。考えることは同じようで、いまこそ旗揚げの好機だと捉えたのだろう。事業の主体である野球場は、品川駅にほど近い芝浦の埋立地に一二万人を収容する大規模施設である。屋根付きで夜間の照明設備も完備するという。それだけではない。野球以外の事業でも安定した収入を得るために、芝浦海岸の荷揚場や品川駅の貨物積込所に接する地の利を活かして、スタンド下の一階は貸倉庫も手掛け、二、三階には貸アパートも併設する。なおかつ海岸に面する約四〇〇〇坪でホテルも経営するというから、まさに前代未聞の構想である。

完成の暁には、春、秋季に人気の大学は勿論のこと、米国からチームを招聘して試合を開催する。夏季には、中等学校や実業団の全国大会を開催する計画で、球場は一年中休みなしの効率的な運営である。神宮や甲子園のように観客を動員できれば、相当な儲けになるはずだ。

きわめつけは日米野球でゲーリッグも一目おいた宮武を主戦投手とする球場付属チームの発足である。彼は優秀な中等学校生を各地から集めて指導もしていく予定で、すでに受諾して準備をすすめているという。

ついに日本初の職業野球団の実現か！　さにあらず、さかのぼること大正九年、日本運動協会という球団が存在していた。先見の明をもつ創設者は、市岡が早稲田大学の野球部を辞した後釜にすわった河野であった。

協会は芝浦に球場を構えていたことから芝浦協会と呼ばれたが、野球を商売にすることへの偏見もあってか、興業は思うようにすすまなかった。そこへ追い討ちをかけたのが関東大震災である。震災直後、上野公園などへ避難して来た人々を安全な場所に移すために、「芝浦へ！　芝浦へ！　芝浦埋立地ニハ、横川工場、高等工芸学校ニ約一万人ノ収容力アリ」と書かれた宣伝ビラが配られた。

人々が移動していくなか、芝浦球場は関東戒厳司令部と東京市社会局に徴発されると、救援物資配給の基地になった。こうなると、もう野球どころではない。球場の使用のめどがたたなくなり、協会は解散に追いやられてしまったのだった。なんとも皮肉な巡りあわせであるが、芝浦への誘導指示に当たったのは、当時、警視庁官房主事の正力であった。

解散もやむなしというところへ、救いの手を差し伸べたのは阪急電鉄にいた小林一三である。これまで宝塚少女歌劇、動物園、温泉、そして宝塚大運動場を兼ね備えた複合施設を運営してきた。野球も加われば、いっそう娯楽が充実するだろう。そう見立てて宝塚運動協会として再出発してはみたものの、やはり興業は芳しくなかった。先駆者として職業野球を開拓してきた球団は、消滅の道を辿っていった。

過去の苦い経験を知ってか東京臨海野球場は、資本金一七〇万円の株式会社として運営していく。八万五〇〇〇株のうち、一万五〇〇〇株を一株二〇円で、一般に募集して資金を調達するというから万全のようだ。三〇株以上の株主には、入場無料の永久内野席の優待があるので、野球ファンはこぞって応募するに違いない。

会社を支える発起人は、東京実業組合連合会会長の星野錫《しゃく》を筆頭に、梁瀬自動車社社長の梁瀬長太郎などそうそうたる実業家たちである。日頃から野球を嫌っていた梁瀬が、出資したくらいだから、さぞや成功を見込んでのことだろう。

まだ見ぬ株式会社への応援団はまだいる。明治大学監督の岡田源三郎や六大学野球出身の選手までが賛成人として手をあげていた。

そんななか広告をよく見ると、どうしたことだろうか、顧問には三宅、賛成人にも市岡の名があるではないか。どうやら、六大学の人気選手たちとともに、知らないうちに名前を借用されてしまったようだ。どこかうまい話のようで不安だけが漂った。

## プロ認定一号

職業野球団が誕生するのか！　東京臨海野球場の計画は、早稲田大学の伊達に大きな衝撃をあたえた。彼は、この計画は生まれるべくして生まれたとして、雑誌「野球界」に、「職業野球団出現への待望」を訴えたのだった。

伊達は文部省訓令の発端となった諸問題は、第二の国技として発展する過程での出来事であり、その結果として学生スポーツの枠を超えようとしたのだと分析している。そのうえで彼は、営利的な要素を職業野球が吸収することにより、学生野球は純粋なスポーツとして健全な発達が可能になるであろうと持論を展開した。そして、宮武が指導する球場付属チームについては、優秀な中等学校生を選び出して職業的な訓練をしたならば、見るべきものが出現すると有望視した。ゲーリッグからヤンキース入りを誘われた彼は、すっかり職業野球に魅了されてしまったようだ。

さらにはオリンピックのように世界の競技者が互いに国の名誉を担い競えば、米国との対戦も同じような現実になるのではないかと展望を述べた。

彼が引き合いに出したオリンピックは、まさにいま、米国ロサンゼルスで開催されていた。国民が見守るなか日本の代表選手は、水泳競技六種目のうち五種目に優勝して、目覚ましい活躍をみせていた。陸上の三段跳びでも南部忠平が世界新記録で優勝している。南部は競技前に、日章旗を揚げたら死んでもいいと語るほど、オリンピックにかけていたが見事に実現させたのだった。

ゲーリッグ〔左〕と宮武〔右〕（スポーツ2巻1号、昭和7年1月1日、山際康之所蔵）

米國プロフェショナル野球團に就て
並に 試合前後に於ける身體の注意
宮武三郎

薬の広告に登場した宮武（読売新聞、昭和6年11月8日、国立国会図書館所蔵）

開催直前に早稲田大学は、オリンピック出場選手の後援資金を募るために、派遣選手後援野球戦と銘打った試合の入場料で得た収入を寄付している。こうした背景もあり伊達はオリンピックを興味深く見ていたのであろう。

新聞の発表から一カ月ほどたって、東京臨海野球場は予定どおり、球場付属チームの選手の公募を行った。合格者には生活を保障するばかりでなく、上級学校への入学も支援するという条件だから魅力的である。反響は大きく全国から中等学校生を中心に応募が殺到して四〇〇名に達するほどになっていた。監督になった宮武は、書類を見ながら選考を重ねると東京在住者二一名に絞り込んだ。あとは最終の採用試験を実施するばかりである。

ところが、こうした行為を疑問視したのが都市対抗野球の大会委員会である。宮武は東京倶楽部から出場する予定でいたが、いまや臨海野球株式会社の社員で、職業野球選手育成の監督も務めている。はたして出場資格があるのだろうか。都市対抗に出場する実業団や倶楽部の選手は、とうに学校を卒業している者ばかりで、文部省の訓令の範疇ではないがお上の意向に敏感になったのだろう。

前年の大会で宮武は、東京倶楽部から出場すると、投打の活躍をみせて二年連続の優勝に導いている。三連覇も夢ではない。大会には欠かせない花形選手が出場停止となれば、なにかと影響が大きい。

一方で宮武は、日米野球の際に、「ラルチゴール」という疲労回復薬の宣伝をしており、東京臨海野球場以外でも職業野球選手といわれかねないことをしていた。自らの顔写真入りで紙面に登場して効能を述べるなど、野球選手の立場を利用して商売をしているのだからアマチュアとみなされないのも不思議ではない。

出場停止にすべきか、否か。委員は難しい判断を迫られた。意見が分かれるなか結論は多数決となり、宮武には、「職業野球選手と認め出場を禁止する」という厳しい処分が下されることになった。

処分を不服とした浅沼は新聞を通じて、「現在の日本の実情からいえば、この外にもこれに似たことがたくさんある」として、この問題だけを取り上げるのではなく、「風紀とか金銭問題などがより以上大きな問題ではないであろうか」とアマチュア野球界の現状を追及した。職業野球団を目指す浅沼にとっては、アマチュアは原点に戻り、それぞれの道をすすむべきと考えたのだった。

宮武はアマチュア失格という烙印を押されたが、いいかえれば職業野球選手認定一号といえる。それはアマチュアでの実績や名声を捨ててプロフェッショナルの世界へ飛び込むことを意味する。もし職業野球が実現すれば、ほかの選手たちも同じように、どちらの道にすすむのか、選択を迫られることになるだろう。人気選手に投げかけられた問題提起に波紋が広がった。

## 理想と現実

市岡と浅沼は、会合の合間をぬっては、早稲田大学の教え子たちを訪ねていた。あいつらなら理解してくれるだろう。にもかかわらず、幾度となく交渉しても返ってくる答えは、会社はどのようなものか？　米国のようにうまくいくのか？　引退後の保障は？　といった疑いや不安の声ばかりである。

それもそのはずで、話を聞いた者からすれば、いくら信頼のおける人物であっても、最も重要な金の出どころがはっきりしない事業では首を縦に振ることはできない。たとえ興味を示したとしても、そもそも契約する母体組織がないのだから話にならない。

東京臨海野球場のように、しっかりとした会社なら別であろうと思いきや、こちらも様子がおかしくなっていた。株購入の申し込み締め切り当日まで新聞で広告をしていたのだが、その後、さっぱり音沙汰がない。球団の顔ともいえる宮武の問題が悪い印象をあたえてしまったのだろうか。広げた風呂敷が大きいだけに、あっけない幕切れとなった。

このままだと同じ轍を踏んでしまう。根本的に作戦を練り直す必要がありそうだと、惣太郎らは、もう一度、すすめ方について考えてみることにした。

これまで四人は、球場候補地の選定や選手集めに夢中になり、資金などは自然に集まってくるものだろうと、たかをくくっていた。しかし、本来の手順を考えるならば、まずは資金を集めて会社を設立するのが道理である。球場などへの投資や選手集めは、その次で順番が逆だった。野球にかけては多少の知識を持ち合わせていたとしても、経営となると、そこは素人である。見通しの甘さを痛感するばかりであった。

ならば、実業家からの援助を得て、組織をつくることが先決だ。四人は手分けをして、金を出してくれそうな人物に片っ端から面会をしていった。

野球を商売に？　しかし反応はというと芳しいものではなかった。学生によって繁栄してきた健全な野球を商売にすることは卑しいという考えがどうしても根強い。米国発祥の近代的な事業とは認識されず、見世物くらいにしか見られていないようだった。

なかには理解を示す者も現れるのだが、いざ資金の話になると、いくら儲かるのだと理詰めの交渉となり、思うようにことが運ばない。そうかと思えば、明日にでも金を出してやるくらいの口ぶりの者もいるが、喜びもつかの間、支払いの段階になるとはぐらかされ、右往左往するばかりであった。

伝手を頼って多くの実業家にあったものの、いっこうに金を出すという者が現れる気配がない。仕方なく惣太郎は親友にまで頭を下げて出資を乞う始末で、時間だけが無駄に過ぎていった。

すでに読売新聞では、昭和九年秋に、「飛躍読売の三大計画」として、前回にまさる米国野球団を招聘することを発表している。米国と対戦する職業野球チームを立ち上げる絶好の機会である。だが、このままでは計画倒れになってしまう。この際、もっとも身近にいる読売新聞の正力社長に素直に相談してはどうだろうか。惣太郎は前々から考えていたことを思いきって三人に話してみることにした。

この提案に真っ向から反対したのが浅沼である。彼はかねてより、資本家は営利に走り過ぎて本当の精神をなくしてしまいはせぬかと危惧し、金は出してもらうが運営は我々の手に一切まかせてもらうとの持論を展開していた。ここまで正力の力を借りなかったのは、読売新聞に乗っ取られてしまうのではないかという疑念をいだいていたからである。

もっともな意見である。そうとはいえ、高邁な理想を掲げていても、先立つものがなければ、どうしようもない。三宅は惣太郎の意見は賢明な策だとして賛同した。理想か現実か。

それぞれが主張するなか、しばらく意見を聞いていた市岡がとうとう口を開いた。

「正力社長にお願いしよう」

市岡は四人で決めた最終的な決定者である。浅沼もしぶしぶ同意するしかなかった。

そうと決まれば、正力に直談判である。四人はそろって新聞社の屋上にあるガラス張りの温室のようなつくりの社長室に足を運んだ。説明をしたのは三宅である。惣太郎も市岡も正力の下で仕事をしている立場だけに、ここまで黙ってすすめてきたことに、どこか後ろめたさがある。両名を気にかけるように三宅が、これまで検討してきた事業計画について披露しはじめた。それをじっと聞きいっていた正力であるが、話し終えるや、たったひとことだけ発した。

「よろしい引き受けた！」

これまで正力は職業野球について口にしたことはなかったが、狭い新聞社のなかでの四人の行動は筒抜けで、いずれこうした話がくるかもしれないと察していたのだろう。待っていたかのように飛びついた。

四人は正力のことばを聞くと安堵した。もう金の心配をする必要はない。重くのしかかっていたものからようやく解放され、これからは野球のことだけに集中できる。いよいよ職業野球団設立への始動開始だ！

# 第2章

# 密かな交渉

## 交渉リスト

銀座の数寄屋橋にある菊正ビル四〇二号室では、この秋に開催される日米野球について四人が話し合っていた。正力のあと押しによって設立された株式会社大日本東京野球倶楽部の事務所が開設されたのは、昭和九年六月のことである。もうこれで新聞社の講堂の片隅で周囲を気にすることもなく堂々と話ができる。

惣太郎らによる話題は全日本チームの候補者たちである。全日本といっても、あくまでも建前で、日米野球が終われば職業野球団に生まれかわる手はずになっている。いささか後ろめたさのあるやり方だがしようがない。

当初、開催地である神宮球場は、「職業スポーツに貸すと神宮の神聖が汚れる」として使用を認めようとしなかった。あわてた市岡は幾度となく通い、日米野球による外交上の意義を説いて、ようやく大リーグ選手たちが足を踏み入れることに許しを得た。だが対する日本のチームは、文部省による「野球ノ統制並施行ニ関スル件」の訓令が影響してか、頑として首を縦にふらなかった。そこで市岡は球団の発足については公けにしないことを条件に、なんとか許可を取りつけることに成功したのだった。

以前より浅沼と三宅は、職業野球団へ誘い入れるための選手をまとめていた。それは候補者たちが記載された一覧表で、交渉しやすいように所在地や関連している地域別に大学や実業団、倶楽部で活躍する選手の名が書かれている。惣太郎はメモをとりながら丹念に書かれた表の出来ばえに、ただただ感心するばかりであった。

やはり六大学のある東京にはめぼしい選手がそろっている。函館での項目には、前回の全日本チームを選抜する際に最高得票数を獲得した函館太洋倶楽部の久慈が記されていた。名古屋鉄道局の武田可一は、第一回の都市対抗野球大会から兵役の一年を除いて連続出場している常連である。無論、伊達の名前も郷里の大阪の箇所にあった。

九州では都市対抗野球大会を賑わせた八幡製鐵の選手たちの名前が記されていた。なかでも全米チームを相手に本塁打を連発した大岡虎雄はぜひともほしい。遠く満洲や朝鮮の地にも優秀な選手がたくさんいるようだ。卒業してしまうと正確な所在地がわからず連絡がとれない選手もいるようで、場所不明として中村という名前もあった。

東京　菊谷　小川　辻　山城　田部　真野
　　　三原　牧野　苅田　松井　藤井　矢島　中島
函館　久慈
名古屋　武田　野口　杉浦

大阪　伊達　木村　青柴　川瀬　湯浅
八幡　安川　花田　馬場　清徳　大岡
満洲・朝鮮　岩瀬　浜崎　上野　赤木　荒木　永沢　李　山下
場所不明　中村

少なからず表の作成から時間が経過しているので見直しが必要である。四人は全員が納得するまで繰り返し候補者の選定を話し合った。

文部省の訓令で、大リーグ選手が来日しても学生は試合に出場できない。六大学の卒業生や実業団の選手だけでは、あきらかにコマ不足である。とりわけ投手は頭数がほしい。どうやら現役の大学生、いや中等学校生にまで手を広げる必要がありそうだ。

候補者が決まってくると、次は交渉方法の検討である。職業野球に対する世間の目は相変わらず厳しい。加えて日米野球の開催まであと五カ月足らずである。交渉のやり方にも工夫が求められる。

はじめは全日本チームと称して説得して、その後、引き入れる作戦がいいかもしれない。ただ中等学校の若い候補者は、おのずと学校を辞めて契約することになるから、将来の保障として職業野球への道を事前に提示するのが得策である。すでに大学を卒業している者や実業団の候補者でも、選手の性格やおかれている環境によっては、はじめから職業野球団との契約を持ち出した方がよい場合もある。ここは相手を見ながら柔軟な対応が求められそうだ。よし、こんどこそ優秀な選手たちを獲得してみせる。四人は出身大学や地域などの伝手から交渉の担当を決めると、全国に散らばっていった。

## 名義貸し

市岡が向かった先は高松である。いまだ契約を取りつけた者はいない。なんとしてでもと意気込んで四国入りしたのだが、当の本人は見当たらなかった。なんでも就職するために大阪に引っ越したばかりなのだという。市岡は無駄足になったことも苦にせず、こんどは大阪の新居を訪ねた。お目当ての選手は、早稲田大学野球部の教え子だった三原脩である。

三原にとって市岡は入学したときの監督である。市岡が大学を去ると、彼もあとを追うように退部していった。原因は恋愛の末に結ばれた三原の結婚にあった。早稲田の野球部員はすべて合宿に入ることが義務づけられており、学生結婚による家庭生活など到底許されない。ましてや市岡の後任監督となった大下常吉は、質実剛健を鉄則とする硬骨漢だから、三原にどんな実績があろうと特別あつかいなどしない。形式的な精神主義には拘泥しない三原とは肌合いがまるで違う。結婚が知れて監督に問い詰められると、三原は明日、退部届を出しますといって、さっと辞めてしまったのである。どこかやり切れない思いのまま郷里に戻ると、彼は妻と母との三人で居を構えたのだった。

　野球より愛を貫いた三原の姿に世間は同情的だった。本人も不本意な退部だっただけに、まだ野球への思いはあるはずだ。市岡は三原と対面すると職業野球団へ参加してほしいと素直に伝えた。

　しかし、三原は即答を避けた。たしかに、大正時代から芝浦協会や宝塚運動協会のように現れては消えていく職業野球団を見てきただけに不安になるのもうなずける。ましてや東京臨海野球場の計画倒れは記憶に新しい。以前ならここで交渉が終わってしまうところである。だが、いまは違う。市岡は読売新聞社の正力が支援して体制が万全であることを力説した。

　三原は日米野球を主催する新聞社が背景にあることを知り安心したようだった。とはいうものの彼自身にも問題があった。それは、すでに日本生命への入社が内定しており、なにより来年一月に入営をひかえていることである。

　ぜひともほしい人材である。ここであきらめるわけにはいかない。それでもかまわんと、市岡は自分の思いをぶつけた。

「君の判は、社会に対する信用状だ。その契約書が他選手勧誘の決め手となる」

　神宮を沸かせた三原が契約したとなれば、その後の選手たちとの交渉は容易である。まっすぐな姿勢は周囲からの信頼が厚く、市岡もかっていた。まず先に声をかけたのもそのためである。職業野球の成功は三原にかかっている。市岡は運命を託したのだった。

三原は市岡のことばが心につきささった。早稲田大学に入学したての頃も自分を信じて試合に使い続けてくれた。市岡こそ六大学で活躍するきっかけをあたえてくれた恩人である。そして、いままた自分を信じて、いち早く駆けつけてきてくれたのである。ここまで信頼されて、黙っていられようか。しばらくすると兵役に就くことになるが、せめて、その間だけでも名義貸しの役割として契約書に署名しよう。三原は恩師のために、職業野球へ身を投じることを決意した。契約成立第一号の瞬間だった。

契約第1号になった三原（ベースボール4巻6号、昭和8年6月1日、山際康之所蔵）

よし、次はあいつだ。市岡の頭にうかんだのは一覧表に載っていた法政大学出身の苅田久徳であった。いまは勤めの傍ら東京倶楽部に所属して都市対抗野球大会にも顔を出している。こんどの相手は、少々喧嘩っ早いヤツだ。思ったことはなんでも

職業野球入りを決意した苅田（ベースボール2巻2号、昭和6年2月1日、山際康之所蔵）

ずけずりといってしまい、実にあつかいにくい男だが、腕だけはたしかである。職業野球の価値を認めれば契約するはずだ。余計な小細工はせずに、あくまでも直球で勝負しよう。市岡が指定したのは銀座の小料理屋だった。

　ともあれ、まずは一杯ちょうだいするか。酒の席を楽しみにしていた苅田は、まだかまだかと首を長くしていた。ところが、いつまでたっても出てくる気配がない。それどころか、なんと市岡は、鯛茶漬けを頼み、酒のことなどおくびにもださない。

　苅田があっけにとられるなか市岡は、全日本の結成や、そのあと職業野球団になることなどを熱弁してみせた。そして、いまもらっている月給の二倍の一八〇円を出すといい、市岡は鼓舞した。

「これからは職業野球の時代になるよ。君はその先駆者となれ」

　苅田は聞き終えると、一も二もなく職業野球入りすることを承知した。六大学の大先輩の気迫に感動したのだが、なによりも最後のことばが気持ちを動かした。誰も経験したことのない世界を牽引していく役目になるというのか。魅力的な話に奮い立った。こうなったら男の意地だ。必ず成功してみせる。

## 名声のままで

野手の目鼻はついた。あとは中心になる投手である。彼が契約してくれれば職業野球はかわるはずだ。それは誰しもが実力を認める伊達だった。これまでにも市岡は、一緒にやらんかと持ちかけていた。ゲーリッグから大リーグへの誘いがあっただけに伊達自身も興味を持って聞いた。その頃は市岡も、まだ球団を立ち上げるための資金集めに奔走中で、それ以上は具体的な話へと進展することはなかったが、いまでは正力の後ろ盾がある。改めて交渉を再開することにしたのであった。

ゲーリッグからヤンキース入りを誘われた伊達（ベースボール2巻8号、昭和6年8月1日、山際康之所蔵）

対する伊達はというと、東京臨海野球場の出現に、生まれるべくして生まれたとして待望していたのだが、計画が中途半端に頓挫したためか、すっかり熱が冷めていた。それにアマチュアでいることの意義も感じ

伊達をモデルにした新国劇の演目（山際康之所蔵）

てきていた。ロサンゼルスオリンピックで、ひたむきに競技に向かう選手たちの姿を見て、野球で金を稼ぐことについて、どこかひっかかるようになっていたのである。そのため市岡が繰り返し面会しても、伊達の返答はいまひとつであった。

彼の才能は日米野球で証明済みである。神宮での人気ぶりも相当なもので、新国劇では、「六大リーグマダムKO前奏曲」と銘打って、一座の大黒柱の島田正吾が伊達役を演じて御園座で興行するほどだった。ゲーリッグのように職業野球には人気選手の存在が不可欠である。なんとしてでもほしい。

そこで市岡は、自分の思いを手紙に綴ることにした。読売新聞社の便箋に、「拝啓　愈御清栄の段奉賀候」ではじまる候文は、後輩への敬意にもみえる。

其節御話申上候野球団の件に関し　過日貴君には　意志あれど就職先に対する義理あ

い上又は家庭の御事情により参加不可能の旨御回答に接し候……

野球団が来年二月に渡米致す事は既定の事実にて　貴君が一年なりとも又それ以上なりとも参加して洋行することは　貴君将来のためにも又就職先としても頗《すこぶ》る有益なる事と存候　本年から契約するとせば先《ま》ずオール大阪倶楽部等の関係上都市対抗試合終了後にあらざれば或《あるい》は参加不可能かと推察致居候（若《も》しそれ以前なれば尚更結構に候）大会終了後から来年十一月中の契約に候

伊達は大学を卒業すると郷里に戻り、三原と同じ日本生命に入社していた。夏には日本生命を主体とする全大阪の選手として、都市対抗野球大会への出場が決まっている。実は三原に都市対抗に出ようと声をかけ、就職するきっかけをつくったのは伊達だった。

卒業してからの環境の変化は就職以外にもあった。それは、父のすすめで結婚をしたことである。家庭を持つ身となり個人のわがままだけではとおらない。ましてや結婚式の媒酌人は日本生命社長で義理を欠くような行動は慎みたい。市岡からのたび重なる説得にも躊躇せざるをえない状況にあった。

その間野球団の計画としては九月に布哇へ遠征（予定）十一月は来朝の大リーグと対

戦来年二月渡米八九月頃帰朝の上十一月招聘のコーストリーグの優勝者と日本に於ける試合　以上の如くに候　尚又貴君が参加不可能と案ぜらるる日本生命との関係は本日東京にて正力読売新聞社長が　貴社専務取締役成瀬達氏と面談の結果次の如く貴君の参加に就き賛成され候間貴君に置かれてもこの小生一代の事業に対し例え短期なりとも御賛同下さるよう御再考を願い度候

成瀬専務は貴君にさえ参加の意志があるならば日本生命の方は適当な方法を講ずる即ち野球団を去って再入社するときも規則上は出来ぬがこの場合のみ適当に骨を折ることを言明され又御結婚に際しての媒酌人へも了解を得る様話をするとさえ申され居候……

日米野球が終了したのち、チームは米国に渡り武者修行の旅に出ることが計画されていた。海外での経験などめったにできるものではない。市岡は、一年間だけでもいいからチームに所属することを提案したのだった。正力は日本生命専務に会って、渡米後に復職できるように了解まで得て万全な手はずをとっていた。

三原脩君は一ケ年宛の契約にて参加承諾の旨二三日前返事有之候間共に日本を代表して米国を相手に戦うのも男子の本懐には無之きかと存候

> 何れ小生今月中旬頃には再び貴地へ参上仕可候間其節には種々御打合せ致度存居候も小生の事業援助のために篤と御再考下され度願上候　先は右要用のみ申上げ貴意を得度候……

手紙は三原の契約が決まってすぐに書いたものである。彼の名前を拝借しながら、米国との対戦は男子の本懐だとしめくくっている。

しかし伊達は、市岡への誠意として日米野球での全日本への参加は承諾したが、職業野球入りについては首を縦に振ることはなかった。やはり就職先や家庭のことを考えると踏み切ることはできない。なによりも周囲からの「早稲田の伊達、早慶戦三日連投の伊達の名を辱しめるな」という声が心に響いた。

早稲田大学の伊達として野球人生を終えよう。彼はアマチュア選手としての誇りを選んだのだった。

### 千載一遇

どこまでも広がる大地は、すべてをつつみ込んでくれる寛容さがある。水原茂は、慶應義塾大学を卒業すると、うつうつとした生活から逃れるように満洲の地へやって来た。思えば、前年秋の六大学リーグ戦は散々であった。

　それは早稲田大学との試合でのことであった。三塁の守備についた水原のところに、食べかけの林檎が投げ込まれた。彼は、それを何気なく拾うと、三塁そばの壁あたりに投げ返した。だが、それが早稲田の応援席に入ったとして騒然となった。数名の学生がスタンドに林檎を投げた水原めがけて謝罪しろとグラウンドに突入すると、球場は大騒ぎになり、四谷署の警察官が出動する始末となってしまった。

　両校の面子をかけた事件は、翌日になっても収まる気配がない。それどころか新聞では、林檎騒動などとして書きたて、世間が注目するところとなっていった。当然、発端になった水原への風当たりは強い。そこで野球部は、ほとぼりが冷めるまで謹慎させることにした。

　ところが、自暴自棄だったからか、野球から遠のき時間をもてあましたせいなのかわからないが、これがいけなかった。賭博麻雀をしたとして、なんと水原が他の慶應義塾大学生らと一緒に検挙されてしまったのである。事件が発覚すると、慶應義塾大学野球部は、「林檎事件で謹慎中にもかかわらず、かかる不行跡をなしたことは許すべからず」として、即時、水原を除名にすることを決定したのだった。

　卒業間近の出来事である。高松商業から慶應に入学して早々から投手や三塁手として神宮球場を沸かせてきた。ここまで大学生活を順調に過ごしてきたにもかかわらず、一瞬の心のゆるみで歯車が狂ってしまった。失意のなか水原は、これからの進路について監督の腰本寿に相談した。

東京にいれば、なにかと雑音も耳に入るだろう。外地の空気をすいながら心機一転、働くのがよかろうと、腰本のすすめにより海を渡ることを決心したのであった。働き先は、奉天の自動車会社で破格の月給だった。朝、目がさめると決まった時間に出勤し、仕事が終われば仲間と野球をする。なにひとつ不自由ない。のんびりとした暮らしもいいものだと感じたのはつかの間で、次第に満員の観衆で埋め尽くされた神宮球場で試合をしていた頃が恋しくなっていた。

そんなとき、水原のもとに人を介して大学の先輩である三宅から誘いの報せがあった。三宅は交渉ごとが不得意なためか、職業野球団といった込み入ったことは伝えずに、全日本入りだけを打診した。

彼は待っていたかのように三宅からの話に、ひとつ返事で飛びついた。野球による失敗は野球で取り返す

輝く傳統の早慶戰
遂に再び中止の運命
水原選手の態度に憤慨した
早大應援團の暴狀
兩應援團の聲明
早大を除名せよ
今後絶對に試合せぬ
審判買潰が遠因
暴行したのはファン
早大生暴行
夜の銀座 血の早慶戰
隨所に亂鬪を演ず
兩大學生百數十名檢束さる
その夜の銀座
問題の林檎一つ
球場忽ち大

水原が投げたリンゴが大騒動に（読売新聞、昭和8年10月23日、国立国会図書館所蔵）

しかない。水原の未来に光が差し込んできたようだ。

## 最強の交渉相手

大陸よりさらに海の向こうの米国ニューヨークでは、惣太郎が悪戦苦闘していた。彼の交渉相手は日本人ではなく、日米野球で対戦する全米チームの選手だった。しかもそれは、あの大物ベーブ・ルースだから誰よりも手ごわい。

六大学で活躍した水原（ベースボール2巻8号、昭和6年8月1日、山際康之所蔵）

とうに読売新聞では、「全国野球ファン熱望の巨人ベーブ・ルース来る」という発表をしていた。当然ながら市岡や三宅らは全日本への参加について交渉する際にも、さかんにルースの来日を餌にしていた。だが本当のところ、まだ口約束だけで正式な契約には至っていなかった。

日米野球の興行を考えると成功を左右する重要な問題である。米国はもとより日本でも人気のあるルースの参加は正力の悲願である。そこで正力は惣太郎に本塁打王と契約をして、そのまま全米チームを日本に連れて来るように命じたのだった。惣太郎にとっては荷が重い役目であるが、日米野球の先には、日本の職業野球への道が待っている。なんとしてでも契約を成立させなければならない。

　米国側の窓口は、前回の日米野球のときに、職業野球団の設立へ協力を申し出てくれたオドールである。彼は惣太郎が来る前に、交渉の下地をつくろうと試みていたが、気まぐれ屋のルースにやきもきしていた。オドールは惣太郎との再会の喜びも早々に、一刻も早く彼と来日を取りつけることで一致した。

　はやる気持ちのなか、交渉の機会をうかがっていると、惣太郎のもとに情報が入ってきた。ルースが床屋にいるという。店で座っているうちは、気分を楽にしているだろう。それに、髪を整えている間は、むやみに席をたつこともあるまい。惣太郎は好機到来とばかりに急行した。

　ルースは、店に入って来た日本人を鏡越しに見つけると、にっこりするや少ししゃがれた声で「ハロー」と、あいさつをしてきた。そして、白い布の下からたくましい太い腕をさし出すと、惣太郎に握手を求めてきたのだった。

　どうやら機嫌がよさそうである。もう日米野球のことは耳に入っているから、交渉に来たことは察しがついているはずである。この調子ならいけるかもしれない。ところが、どうしたことか。徐々に話の雲行きが怪しくなってきた。調髪が終わる頃になると、虫の居所がわ

日本行きを決めたベーブ・ルースのポスター（野球殿堂博物館所蔵）

るくなったようで、いきなり日本へは行かないといいはじめたのである。

さあたいへんだ。いったいなにが原因なのか皆目わからない。あらかじめオドールから気まぐれ屋と忠告されていたが、まさに懸念していたとおりとなってしまった。

そこへ心配したオドールが駆けつけて来た。彼は空気を感じとると、惣太郎を援護するように説得にかかった。だが、もうこうなるとなにをいっても無駄である。ルースは、行かないの一点張りである。

これまでか、いやまてよ。惣太郎の頭のなかに、あることがひらめいた。ことばが駄目なら別の方法で訴えればいい。とっさに惣太郎は、日本から持参してきた日米野球の宣伝用ポスターを取り出して見せた。そこには、愛嬌のある大きな団子鼻のルースが見事に描かれていたのだった。

日本人の願いを知ったのだろう。惣太郎が手にしたポスターを見て、彼はえらく感激したようで大きな声で笑い出すと、ひとことつげた。

「よし、日本へ行く」

これで日米野球の成功は間違いない！　惣太郎は飛び上がって喜ぶと、すぐさま正力に電報をうった。

—ベーブ・ルースハ　ニチベイヤキュウシアイノ　センデンポスターヲミテ　オオヨロコビシテ　ニホンイキヲキメタ—

### 大学をあきらめて

その若き投手を見つけたのは、甲子園での大会であった。充分に通用する力を持っている。市岡は快速球を投げ込む京都商業の沢村栄治にすっかり魅了されていた。

これまで京都周辺の地区では平安中学が圧倒的な強さを誇っており、京都商業にとって予選突破が高い壁となっていた。ところが、沢村が入学してくるや、「敵は京洛に在らず、甲子園に在り」と発奮すると、チームはめきめきと力をつけていった。沢村のことばどおり、平安中学を相手に互角に渡り合うようになると、春の選抜中等学校野球大会に二度の出場をはたすまでになった。

しかしチームの戦力は、「京商の武器は沢村の一本槍にある」と評されるように、いくら三振を山のように築いても打撃による援護は望めるものではなかった。そのため甲子園に出場しても勝利には恵まれない。特に初出場した前年の春の大会では、剛球投手と噂された明石中学の楠本保と投げ合ったが、やはり打線が影をひそめ敗れている。明石との対戦は、この年の春に再び実現したが、またもや涙をのむ結果となり、「二度明石に破れた記録　決して私達は無駄にしない」と悔しさをにじませた。

チームの成績は別として、沢村個人の力量を見れば、あきらかに他の中等学校生よりも上である。いや、大学の選手にもひけをとらないだろう。伊達の獲得に失敗しているだけに、どうしてもほしい。

とはいえ、現役の学生との契約は、そのまま学校を辞めさせることを意味する。ましてや、この夏の大会に出場して活躍することになれば、大学がほうっておくはずもなく、余計にやっかいなことになるだろう。ぜひとも、その前に交渉を成立させる必要がある。

どうやら沢村の進路については周辺の大人たちが絡んでいるようである。そこで市岡は大学時代の学友だった秋本元男と連れ立って京都に入ることにした。幅広い人脈をもつ秋本は、きっとなにかの役に立つはずである。

　市岡が京都に滞在してから三日がたった頃である。身辺を調べていくうちに、京都商業と隣合わせに等持院があることを知った。寺の名前を聞いてふと秋本は、住職と知己の間柄であったことを思い出した。なんらかのつながりがあるに違いない。彼の予感はまんまと当たったようで、京都商業の校長である辻本光楠と連絡がとれると、嵐山の茶亭で会談することに成功したのだった。

甲子園で力投した沢村（ベースボールニウス62号、昭和9年4月1日、山際康之所蔵）

　市岡は沢村の教育を託されていた辻本に会うや職業野球団設立の意義を熱く語り、入団することについて切望した。ほとばしる市岡のことばに大いに共鳴した辻本は、沢村の将来を託すことにした。そして、夏の甲子園大会が終了したのちに職業野球入りさせることを約束したのだった。

　京都からの朗報を聞いた銀座の事務所は大いに沸き立った。だが、これで無事に契約とはいかない。もうひとつ難題があった。実は沢村には慶應義塾大学への進学の話がすすんでいたのである。慶應義塾大学監督の腰本は、宮武や水原を輩出した高松商業へ毎年、指導に出かけていた。あるとき、その途中の京都に数日滞在した際に京都商業の選手たちを手ほどきすることになった。腰本はそのなかにいた非凡な才能を持つ投手を見抜くと、高松行きを延期して指導にあたった。まさに、それが沢村である。

　慶應は水原らが卒業してから下位に低迷し、チームの強化が求められていただけに期待が大きい。おのずと腰本も力が入り、投法だけでなく、打ち方も指南すると右から左打ちへ転向させたほどである。投打に活躍した宮武を想像してのことなのだろう。

　沢村は天下の慶應の監督からの直々の教えにすっかり心酔してしまった。いつのまにか、慶應ファンを自負するようになると、ＫＥＩＯのユニフォームに袖を通すことを夢みるようになっていった。息子の様子をみていた父の賢二も慶應入りを望み、「法政へも早稲田へも栄治は入れません」と一札を書いて、腰本に誠意をみせるほどである。周囲の誰しもが沢村の慶應入りを待ち望むようになっていた。

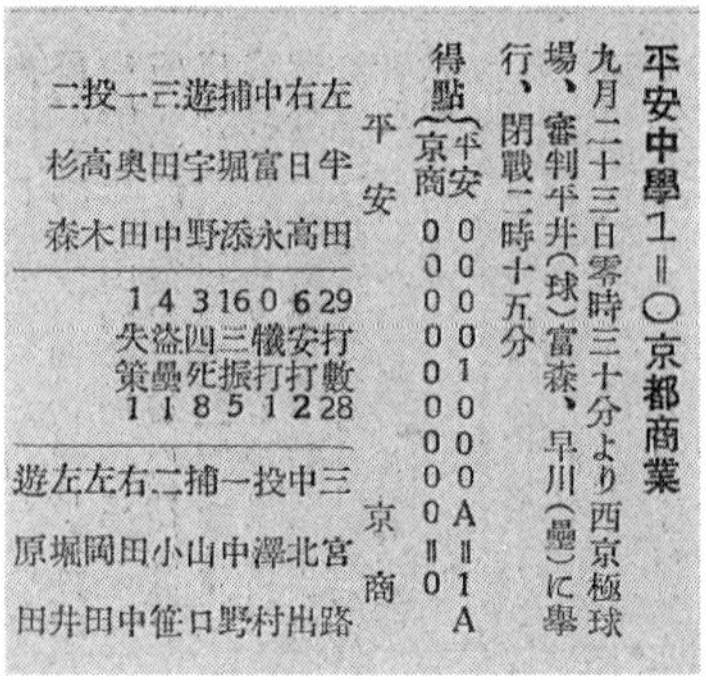
**平安中學１＝〇京都商業**

九月二十三日零時三十分より西京極球場、審判平井（球）富森、早川（壘）に擧行、閉戰二時十五分

得點 平安 ０００００１０００Ａ＝１Ａ
得點 京商 ０００００００００＝０

平安

| | | | | | | | | |
|---|---|---|---|---|---|---|---|---|
| 左 | 右 | 中 | 捕 | 遊 | 三 | 一 | 投 | 二 |
| 半田 | 日高 | 富永 | 堀添 | 宇野 | 田中 | 奥田 | 高木 | 杉森 |

| 打數 | 安打 | 犧打 | 三振 | 四死 | 盗壘 | 失策 |
|---|---|---|---|---|---|---|
| 29 | 6 | 0 | 16 | 3 | 4 | 1 |
| 28 | 2 | 1 | 5 | 8 | 1 | 1 |

京商

| | | | | | | | | | |
|---|---|---|---|---|---|---|---|---|---|
| 三 | 中 | 投 | 一 | 捕 | 二 | 右 | 左 | 左 | 遊 |
| 宮路 | 北出 | 澤村 | 中野 | 山口 | 小笹 | 田中 | 岡田 | 堀井 | 原田 |

平安を相手に16三振奪うも敗退（ベースボールニウス84号、昭和8年10月5日、山際康之所蔵）

にもかかわらず、その関係を解消させるのである。非難されても当然である。悩んだ末、市岡は腰本に直接会い、沢村を譲ってほしいと素直に頭をさげることにした。

面談した腰本は、市岡の誠意が伝わったようで、これからのアマチュア野球界は職業野球と協調しながらすすんでいくことが大切だと理解を示したのである。本来であれば文句のひとつもいいたくなるところであるが、同じ野球人として協力が必要だと感じたのだろう。真摯な対応に市岡は感謝するばかりであった。

本人不在で交渉が進行していくなか、沢村は黙ってみているしかなかった。もはや父でさえ口をはさむ余地はない。心配した賢二が問いかけるも、沢村は、「大学入りでも職業野球入りでもよい」とこたえるだけになった。希望していた慶應を口にしなくなったのは多くの兄弟をかかえる家計が頭にあったからである。とりわけ長男の彼は弟たちの進路を案じた。職業野球ならば金を手にすることができ、進学させてあげることができるかもしれない。慶應か職業野球団かと揺れる気持ちを抑えて、沢村は、「どちらでもよい」と最後まで本心を語ることはなかった。

もう、こうなると妨げるものはなく、流れは職業野球入りへとすすんでいった。沢村は父の賢二に伴われ読売新聞社を訪れると正力と対面した。正力は本人を前に賢二に向かって力強く発した。

「先の先まで栄治君のことは面倒をみるから、正力を信用して万事お任せ下さい」
本人の意志とは関係なく、周りの大人たちによってひとりの青年の人生が選択された。

## 職業野球選手の覚悟

短い期間にもかかわらず、よくも集まったものだ。市岡は全日本選手を伝える読売の紙面を見ながら満足げである。チームのまとめ役は主将で捕手の久慈が担当する。投手は入団のはこびとなった沢村らである。野手では、三原、苅田、水原といった六大学で人気の顔ぶれとなった。伊達など一部の選手は日米野球が終われば離れるが、密かに契約した選手たちは、そのまま職業野球団へ所属することになっている。あとは対戦相手を待つだけだ。

昭和九年一一月二日、ベーブ・ルースら大リーグ選手たちによる全米チームが来日した。米国側の窓口であるオドールや前回に続き参加したゲーリッグの顔もみえる。一行にまじって全米チームを連れて帰って来た惣太郎の姿があった。彼がいなければルースはやって来なかったはずだ。まさにお手柄である。市岡は横浜港に入港してきた船上で惣太郎に再会すると労《ねぎら》った。

全米チームは横浜から東京に入ると、宮城前から銀座に向かい宿泊する帝国ホテルまでを車で行進した。どこも人気のルースをひと目見ようと山のような人だかりである。なかでも銀座通りの歓迎ぶりは相当なもので、紙ふぶきが舞うなか、「ルース　ルース」が連呼された。彼もそれに応えようと、覚えたての「バンザイ」を叫び、日米の国旗を手にはしゃいでみせた。

まるでニューヨークのようだ。以前、惣太郎は大西洋無着陸飛行を成功させたチャールズ・リンドバーグがニューヨークに帰還した際の歓迎を目撃していたが、それに劣らない熱狂ぶりに驚いた。無事、役割をはたした惣太郎は充実感でいっぱいだった。

そうした興奮の余韻がまだ残る翌日のことである。突然、ニューヨークから衝撃的な一報

ベーブ・ルース歓迎で東京の街は群衆で埋め尽くされた（読売新聞、昭和9年11月2日、国立国会図書館所蔵）

が飛び込んできた。米国オリンピック協会が、昭和一一年に開催されるベルリンオリンピックで、「呼物のひとつとして日本対米国の野球エキシビション試合がとり決められた」と発表したのであった。

これまでオリンピックにおける野球は、米国のセントルイス大会やスウェーデンのストックホルム大会でエキシビション、すなわち正式競技ではない公開競技として実施されてきた。公開競技は、開催国での国民的な普及または開催国以外でも発展している競技が対象となって行われていた。

東京市は、昭和一五年にあるオリンピックの候補地として名乗りをあげているが、もし開催されることになればベルリンはもとより、次の東京大会では正式な競技になるかもしれない。一昨年のロサンゼルス大会では、陸上、水泳などで国中が沸いたが、人気の野球なら、いっそう熱が入るだろう。選手たちにとっても名誉なことである。

それにしてもオリンピック競技憲章に基づく競技一般規定では、出場するアマチュアを定めており、報酬を得る職業野球選手は出場できない決まりである。東京での開催が実現すれば、これからの野球選手たちはアマチュアとして六大学などで活躍しながらオリンピックを目指すか、それとも職業野球の道へすすむのかの選択を迫られることになる。

慶應へすすんでいたなら、その先にはオリンピック出場の可能性があるというのか。いまならまだ引き返すことができる。日米野球直前の報道に、沢村がどこまで関心を寄せていたかは不明である。ただ、自分の意志とは関係なく大人たちが決めた進路に、どこか割り切れないものがあったのは事実である。のちになっても沢村は惣太郎に、「わしは慶應が好きやで慶應へ行くはずだったのや」と述べている。大学への道はすてきれずにいた。

沢村の複雑な心境のなか、日米野球は開催された。ここまで全日本チームは全米にまったく歯がたたない。対戦は静岡の草薙球場での一〇戦目に入っていた。

この日の先発は、その沢村である。弱冠一七歳の若者が、はたしてどこまで全米を相手に投げるのか二万の観衆が注目した。球場全体の期待は、いきなり一回から二回にかけて、チャーリー・ゲーリンジャー、ベーブ・ルース、ルー・ゲーリッグ、ジミー・フォックスの強打者に対して四者連続三振をとって驚かせるところからはじまった。気がつけば沢村と大リーグ屈指の左腕アール・ホワイトヒルとの投げ合いとなり六回まで両軍ゼロがならんでいた。若き投手の好投の影には、年齢が倍以上にもなる久慈の好リードも見逃せない。

全米のベンチに目をやると、打席から戻って来た選手は口々に、「太陽の光線が目に入って、投球が見にくい」といいだし、まるで打てない理由を探しているかのようであった。

七回裏は三番ルースからはじまる絶好の打順である。彼は四回に沢村のドロップをとらえて安打している。ここは、なんとしてでも得点をと意気込んで打席に入ったにもかかわらず気持ちが前に出過ぎたのか、いとも簡単に手を出してしまうと投ゴロになってしまった。ルースは、銀座での歓迎で見せた愛くるしさからは想像もできない実にいやな顔をしてベンチに引きあげて来た。

続く四番はゲーリッグである。三年前の日米野球では大学生だった伊達にてこずったが、それよりいっそう若い投手との対戦である。彼は冷静に構えると、沢村が投げた得意のドロップの曲りっ端を少し反り身になって叩いた。すると打球はみるみる高く飛ぶと右翼席へと消えていった。打球の行方を追った全米のベンチは総立ちで、まるで大リーグで優勝したかのような喜びようである。

この本塁打が勝敗の決め手となり、一対〇の僅差で全米チームはようやく勝利することができた。試合が終わった瞬間、全米のベンチから「ふうーッ」とため息が漏れるほどの緊張感だった。

負けはしたものの沢村の投球は全米チームをあわてさせた。試合後、対戦相手の監督コニー・マックは、沢村について、「二、三年間十分な練習をつんだ暁には当然米国の大リーグに入るべきである」と高く評価した。ルースも「試合を重ねる毎に段々うまくなる」とし、「この試合を貴重な経験として慢心せずに自重して行けば必ず大投手になるであろう」とお墨付きを与えた。

大リーグで一番の大打者であるルースからのことばである。これほど嬉しいことはない。

その沢村はというと、「米国軍の実力というものが、はっきり掴めていない」と怖さ知らずで、「自信のある球が出れば　ある巨砲たちも案外打たない」といい放ってみせた。

天下の大リーグ選手たちをきりきり舞いにさせた手ごたえと充実感。アマチュアのままだったら決して味わうことができなかったであろう。職業野球選手としてすすむことにもう悔いはない。沢村は自分のすすむべき道を覚悟した。

日米野球で快投した沢村（読売新聞、昭和9年11月21日、国立国会図書館所蔵）

## 熱狂的な歓迎

沢村が投げた次の一一戦目は名古屋の鳴海球場で行われた。先発の伊達は、神宮球場での第二戦に一度投げてから大阪に戻り日本生命に出勤していたが、急遽、市岡から電話で呼び出されたのだった。沢村の快投を見て、彼なら勝てると我慢できなくなったのだろう。

注文どおり伊達は、前回の日米野球のときと同じように頭脳的な投球で八回表まで三点に抑えると勝利を目前にしていた。この日の打線は五点をとり好調で、特に早稲田大学の夫馬《ふま》勇が四安打を記録して伊達を援護した。だが、その裏に全米チームが奮起して三点を奪うと、またしても逆転されてしまい勝利を逃してしまったのである。

いま一歩のところであったが、昭和六年の日米野球に続いて二度にわたる好投は本物といってもいい。それにしても伊達が職業野球入りしていたならば、沢村と並ぶ投手の柱となり、大リーグの選手たちをも脅かす強力なチームが編成されたはずである。逃した魚は大きい。

全日本の成績は振るわなかったが、試合の入りはどこも大盛況であった。その主役は、なんといっても本塁打王である。惣太郎が日米野球への参加を交渉した際には駄々をこねたルースであったが、いざ日本行きを決めると、遠足や運動会を待つ子供のように首を長くしていた。

ルースは来日すると、その喜びをラジオで語りかけた。

「ハロー　マイディア　ジャパニーズ　ベースボール　ファン！」

誰もが彼の肉声をはじめて耳にしたであろう。前年、日本は満洲事変の正当性を受け入れられず国際連盟を脱退している。孤立する日本へ、まるで救いの手をさしのべるかのような国際交流の瞬間だった。

続くことばを隣にいた惣太郎が通訳をした。

「私が憧れの日本の土を踏む機会に恵まれたことを心から嬉しく思います」

宣伝用のポスターや新聞で見る愛嬌のある顔と少ししゃがれた声の印象を一致させると、余計に親しみがわいてくる。

彼のことばが全国に伝わると、ルース見たさに街や球場などのいたるところでファンが殺到した。函館では連絡船を待つファンが桟橋にあふれた。到着したルースは花束を受け取ると笑顔でこたえた。彼の表情、しぐさのひとつひとつが絵になる。

試合が行われる湯の川球場では、雨で延期になったにもかかわらず道内はもとより青森、秋田から二〇〇〇人が傘をさして訪れていた。翌日、天候が回復して実施された試合には球場に入りきれず周辺の木に登って観戦する人も現れるほどであった。

名古屋の鳴海球場の試合でも、前夜から毛布、弁当など

ラジオを通じてファンに挨拶するベーブ・ルース〔左〕と惣太郎〔中央〕（読売新聞、昭和11年10月25日、国立国会図書館所蔵）

歓迎の主役はベーブ・ルース（読売新聞、昭和9年11月4日、国立国会図書館所蔵）

を持参して泊り込みであふれた。当日は三万人もの人でスタンドが埋め尽くされたが、試合の合間にファンから贈られた真っ赤な天狗のお面にルースはご満悦だった。彼は各地のファンからもらった人形や名刀といった高価な品物から写真類まですべての贈り物を持ち帰るために丁寧に扱っていた。自分を歓迎してくれる日本人への感謝の表れである。

その思いは、九州の小倉到津《いとうづ》球場でファンを喜ばせる出来事として発揮された。試合当日の朝から激しく雨がふり全米の選手たちは、今日は無理だろうと感じていた。ところがルースは、楽しみにしている人たちのために雨がふっても試合をするとして、選手たちへ勝手に外出しないようにと禁足令を発した。彼の思いが通じたようで、さいわい雨はやんだが、グラウンドはまるで水田のように水浸しになっていた。

それを見た茶目っ気たっぷりのルースは、なんと雨傘をさして登場すると一塁の守備についた。それに続くようにゲーリッグも長靴をはいて登場すると、観客からは割れんばかりの拍手になった。

大リーグ選手たちの勝利への執着、そして観客を喜ばせようとする姿勢。それはプロフェッショナルとはなにかを知らしめた瞬間だった。全日本は一勝もすることができなかったが、野球界が得た収穫は計り知れないものがあった。

## 来る者去る者

年の瀬の迫った昭和九年一二月二六日、株式会社大日本東京野球倶楽部の創立総会が開催された。日米野球の期間中は、神宮球場を使用するために職業野球団の存在は公けにできなかったが、もう障害はない。惣太郎ら四人の熱意と正力の援助による合作は、ようやく実を結んだ。

総会の席で市岡は、これまで苦労して交渉してきた一九名の選手を発表した。その顔ぶれはというと、三原、苅田、水原といった六大学の出身者たちである。早稲田大学の夫馬や旭川中学のヴィクトル・スタルヒンら現役の学生もいた。

スタルヒンは、家族とともに日本に亡命して来た白系露人である。地元の旭川では甲子園への出場が見込まれた投手だったが、沢村のときに力を貸した秋本が、またもや辣腕ぶりを発揮して夜逃げ同然で連れ出して来たのであった。

市岡は選手の紹介とあわせて、武者修行のためチームが渡米して各地で試合をすることも報告した。チームは市岡が総監督として球団の運営を統轄し、現場での技術的な指導ともいえる監督は三宅が担当することになった。また同じく監督の肩書で浅沼が選手たちへのしつけや生活態度を管理する役目となった。そして惣太郎は、ビジネスマネージャーという役職で裏方として支援する万全な体制である。

　年が明けると選手たちは静岡で渡米前の練習を開始した。朝七時半に起床してから夜の一〇時に就寝するまで、ランニング、実践の練習、そしてルールの研究会といった規律正しい日課である。

　沢村も捕手めがけて投げ込む日々となった。そんな彼の動きを三宅は見逃さなかった。どうも自己流の投げ方で力まかせである。基本を知ればもっと威力が高まるはずだ。日米野球前にも指導していたが、三宅は球のにぎり方から投法まで一から改めて教え直すことにした。熱心な教えに応えようと沢村も積極的に吸収すると、あっという間に習得していった。これには三宅も驚きである。

　あとは実践だ。そこは熟練の久慈が鍛えてくれるだろう。グラウンドでいちずに投げる姿を見ながら、これからの練習方法を思案していた三宅であったが、その久慈から一通の手紙が届いた。いったいなにごとか。いぶかしげに封を開けて読みはじめると三宅は仰天した。

そこには、なんと球団への参加を辞退したいと記されていたのであった。

拝啓、のぶれば皆々様ご健勝の段賀し奉り候、私儀、今回の大日本野球クラブ設立に際し、非才の身を持ち主将の重職に任命され感激おくにあたわず、粉骨砕身、もって発足する新球団のため働く所存により候ところ、家業手離し難き事生じ、真に申し訳なきことと存じ候えども、球団より身を引くの止む無きに立ち至り候。

これまでのご厚情の数々を思えば、身を切らるる思いと存じ候えども万やむなく、御叱責覚悟の上にてこの状したためおる次第に御座候

久慈は主将として任命されたことに感激しながらも、家業の都合により参加できないことを申し出て詫びた。

実は彼が住む函館は、前年の三月に大火にみまわれていた。民家から出火した火災は、折しも強風に煽られるとまたたく間に広がり、町の八割近くが焼失などで被災してしまった。被害状況は連日のように新聞で報道され、罹災者は一〇万人にもおよぶと伝わった。

久慈が所属する函館太洋倶楽部の選手たちの被害も相当なもので、ほとんどの者が家を失い、ユニフォームやグラブなどの野球道具を全て焼失していた。倶楽部は野球どころではな

渡米直前に辞退した久慈（ベースボール2巻9号、昭和6年9月1日、山際康之所蔵）

くなり、夏の都市対抗野球大会も辞退している。久慈自身も営んでいた運動具店が全焼しており、日米野球の際には店の再建に奔走しながらの参加だった。

　年齢を考えれば選手として力を発揮する最後の機会かもしれない。とはいえ、地元の人々が復興を目指しているなか、自分だけが米国に行くことなど到底できない。久慈は苦慮の末、函館に留まることを決めたのであった。

　やむをえない事情だけに責めるわけにはいかない。それにしても主将としてチームをまとめていくことを託されていただけに彼の離脱は大きい。それに捕手は、もともと手薄だっただけに痛手である。急いで新たな人材を確保せねばなるまい。

　注目したのは長崎商業の内堀保である。以前より早稲田大学の選手たちは、長崎商業へ指導に訪れていたが、そうした伝手から市岡のもとへ情報が寄せられた。内堀は沢村と同じく前年の選抜中等学校野球大会にも出場していた。久慈の代役とはいかないだろうが、育てていけばものになるだろうと、内堀への交渉がはじまった。

無類の野球好きだという父の安太郎は職業野球への勧誘にまんざらでもないようで、市岡との話はすすんでいった。

内堀自身も職業野球団の仕事がどんなものなのか見当がつかなかったが、とにかく入団すれば米国へ行けると聞き心躍らせた。海外への渡航など、そう簡単にできるものではない。しかも好きな野球をしながら旅ができる。野球に理解のある長崎商業の校長も頑張ってこいと励ましてくれたおかげで、いっそう胸がふくらんだ。

時代錯誤の野球統制
文部省暴擧を敢てす
卒業を目前に控へた二選手
無念涙を呑んで退學

不合理な
統制訓令

退学を余儀なくされた中山〔左〕と内堀〔右〕（読売新聞、昭和10年2月13日、国立国会図書館所蔵）

契約をすませると、市岡は追加の参加として読売新聞に、「長崎商業に内堀捕手あり」と、思いをこめて発表した。そこには、内堀と同じ中等学校で捕手をつとめる享栄商業の中山武の名前もあった。これで米国遠征を前になんとか捕手の頭数はそろい、ひと安心である。

ところが、この発表にケチがついた。中等学校生の職業野球入りに噛みついたのは文部省体育課である。卒業試験の期間にあたる渡米は許されないとして、管轄する長崎県体育主事に正すように指示したのだった。ただちに主事は、長崎商業校長、安太郎、内堀本人を呼び出すと勧告した。

これに対して校長は、内堀は席次三番で卒業が確実なため、渡米前に臨時に試験を行う特別な処置をすることを伝えた。しかし、主事は「左様なことはもっての外だ」と一蹴した。指示をした文部省は、またしても「野球ノ統制並施行ニ関スル件」を持ち出してきたのであった。こんどのいい分は、「生徒ハ個人ノ資格ニ於テ入場料ヲ徴収スル試合ニ出場スルヲ得ザルコト」という事項に該当するとして、卒業してから契約するか、さもなければ中退するかの選択を迫ったのだった。

家族や学校が応援してくれているというのに、なんという仕打ちだ。渡米は間近で、このまま卒業を待っていたら米国へは行けなくなってしまう。心を痛めながらも内堀は退学を決意すると、長崎商業に退学届を提出したその足で東京へ向かった。

やはり中山も同じように中退したが、二人は、「卒業を前にして決定した就職が文部省の統制令のために踏みにじられ退学のやむなきに至った」と悔しさをにじませた。

昭和一〇年二月一五日、職業野球団は米国へ向けて横浜埠頭から出航した。ある者は未来を信じ、またある者は家族のためにと、さまざまな思いをのせて船は旅立っていった。

# 第3章

# 争奪戦はじまる

## 季節外れの卒業式

やれやれ。これでなんとか卒業することができた。六大学で活躍していた同級生たちは、とっくに新たな道へすすんだというのに、早稲田大学の夫馬勇は、この日、ようやく卒業証書を手にすることができた。

三カ月も遅れて卒業を迎えた夫馬には訳があった。ことの発端は前年の日米野球にある。全日本に選ばれた彼は、全米チームとの初戦から出場して観客を喜ばせていた。ところが、これに眉をひそめたのが、またしても文部省である。「野球ノ統制並施行ニ関スル件」の訓令により、「生徒ハ個人ノ資格ニ於テ入場料ヲ徴収スル試合ニ出場スルヲ得ザルコト」の事項に抵触すると指摘したのであった。

文部省からの通達に慌てた早稲田大学は、ただちに夫馬に対して、「商学部を退学せざるを得ない」との見解を示して、処分の手続きに入ることを決めた。

大学からの突然の知らせに夫馬が驚いたのはいうまでもない。そもそも学生だった彼の全日本入りは、大学の先輩である市岡が熱心に勧誘して実現したものだった。

もともと夫馬は、昭和六年に全米チームが来日して早稲田大学と対戦したときにも二試合に出場している。特に初戦では伊達の好投を助けるように二塁打を放ち二打点の活躍ぶりであった。いま一歩のところで試合に敗れてしまった悔しさから、次に対戦するときには、なんとしてでも借りを返したいと考えていたところであった。そこへ市岡から声がかかったのである。日米野球が終われば職業野球への道があるというから、これなら卒業後の就職の心配もなく、好きな野球をして生活ができる。願ったり叶ったりだ。

　だが現役の学生となれば、沢村と同じように中退しなければならない。そこで市岡が考えた秘策が野球部の退部である。野球部員でなければお咎めがないはずだ。しかし、そんな都合のいい話はない。訓令で示す「生徒ハ」とは、学校に在籍して教育を受けている全ての者であって野球部員を示すものではない。市岡の読み違いであろう。当の本人も市岡を信じて、野球部を退部して参加したから「問題はないと思っていたのに……」と困惑した。

　当然ながら混乱の責任は市岡にある。彼は母校と掛け合ったのであろうが、解決策を見つけられぬままでいた。悪いことに市岡は、その間も夫馬を日米野球に出場させ続けていたから、大学を刺激したのも無理はない。日米野球は一三戦を終えて、残すところ五試合である。全日本の選手たちが、大リーグ相手にきりきり舞いするなか、ここまで夫馬は、一一試合に出場して打率・二九四、打点五の好成績で四番打者としての役割を充分にはたしている。しかも打撃は尻上りに良くなり、その活躍ぶりは日を追うごとに紙面で話題になっていた。

　なんたるヤツだ！　悪びれた風もなく試合に出場し続ける夫馬に対して、状況を見極めていた早稲田大学は、ついに堪忍袋の緒が切れ、卒業させないという結論に至った。

これ以上迷惑をかけたくない。追いつめられた夫馬は、大学の処分に従い退学することを決意した。これが見納めだと、甲子園球場での試合を、学生服のままベンチで観戦すると、そのまま帰京して退学届を提出したのだった。

ところが、先を急いで決断してはみたものの、いざ辞めてみるとはたと困りはてた。それは、卒業後に結婚することに決めていたからである。お相手は病院長の令嬢である。厳格な家庭なだけに卒業もせずに中途半端な状態で辞めれば許しがでないかもしれない。仮に結婚したとしても、妻を持つ身となれば、就職して安定した収入が求められる。世間を騒がせて退学したとなれば、雇う会社などないだろう。

ぜひとも復学させてほしい。夫馬は考えを改めると、こんどは連日のように大学に通い田中穂積総長に陳情した。

充分に反省しているようだ。もうこのへんでいいだろう。夫馬の誠意は伝わったようで、

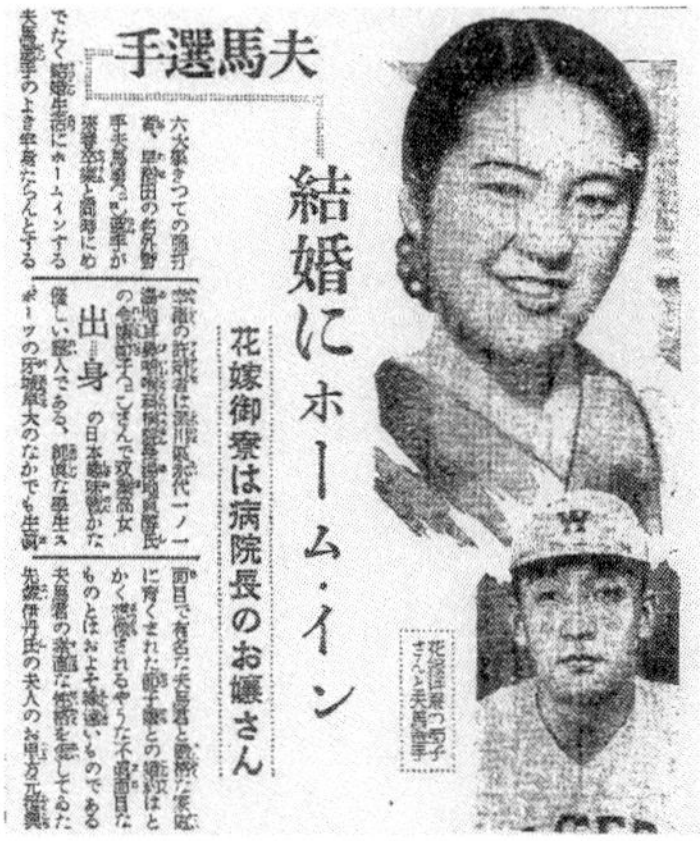
夫馬選手
結婚にホーム・イン
花嫁御寮は病院長のお嬢さん
出身

結婚を発表（読売新聞、昭和9年10月30日、国立国会図書館所蔵）

早稲田大学は卒業式直前の二月一九日になると、ようやく復学扱いとして認めることにしたのであった。

はじめてリーグ戦の選手として自分の名前が発表されたときは、入学試験の合格より嬉しかったが、いまは野球よりも卒業の方が優先である。ボールが人生の総てではないと悟ると、彼はあらためて勉学に励んだ。その甲斐あって六月に追試験を受けると、めでたく七月一五日付けで卒業のはこびとなった。

夫馬は、「職業野球に入って専門的に研鑽することは私年来の希望でもあった」としながらも、「卒業できたのでこの上はもう思い残すところもありません」と喜びを語った。

一度は職業野球を目指した夫馬であるが、新しい家族のためにと学業をまっとうしてみせた。彼は将来の安定を求めて野球に力を入れる東京瓦斯へ就職することにしたのだった。

## 憧れの投手

夫馬と入れ替わるように、六大学では新入生たちが入り、秋

全日本の四番を務めた夫馬（ベースボール4巻8号、昭和8年8月1日、山際康之所蔵）

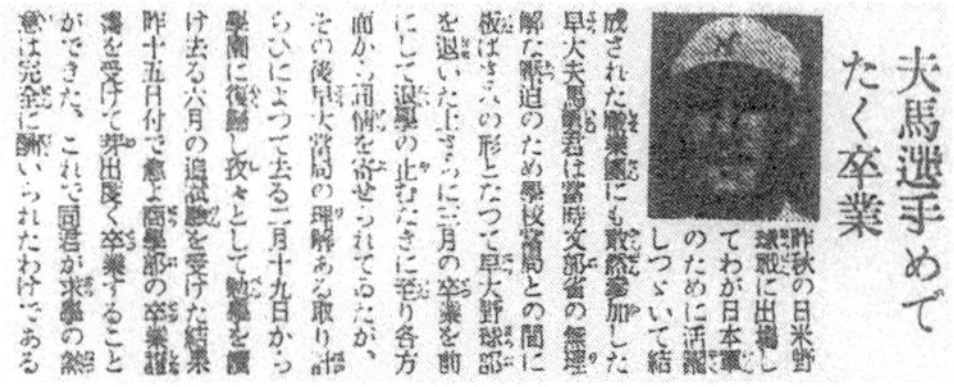
夫馬選手めでたく卒業
昨秋の日米野球戦に出場してわが日本軍のために活躍しつゞいて結成された職業團にも敢然参加した早大夫馬勇君は當時文部省の無理解な壓迫のため學校當局との間に板ばさみの形となつて早大野球部を退いた上さらに三月の卒業を前にして退學の止むなきに至り各方面から同情を寄せられてゐたが、その後早大當局の理解ある取り計らひによつて去る二月十九日から學園に復歸し孜々として勉學を續け去る六月の追試驗を受けた結果昨十五日付で愈よ商學部の卒業證書を受けて晴れて目出度く卒業することができた。これで同君が求學の熱意は完全に酬いられたわけである

無事に早稲田を卒業した夫馬（読売新聞、昭和10年7年月16日、国立国会図書館所蔵）

季リーグ戦からの活躍が有望視されていた。明治大学へは中京商業から野口明が入ってきた。彼は夏の全国中等学校優勝野球大会で前代未聞の三連覇を達成したときの捕手である。彼の持っている潜在的な能力をさらにいかそうと、人学では投手としても見込んでおり楽しみな存在である。

慶應義塾大学へは一年間浪人して楠本保が入学してきた。明石中学の時代には、二年生から五年生にかけて春の選抜中等学校野球大会に連続出場している。特に昭和七年と八年の大会では投手として準優勝に導いた。夏の大会にも二度出場して、野口のいた中京商業との延長二五回の熱戦や、無安打無得点の達成など数々の記録を残してきた。

職業野球入りした沢村も京都商業時代に楠本と投げ合っている。当初、沢村は甲子園で活躍する楠本に憧れて、あのように投げてみたいと感じていた。昭和八年の春の大会で両雄は対戦する機会にめぐまれた。沢村は、「楠本を有する明石中学と矛を交え、縦横無尽に打ち、走り、投げ「倒れるまで」と最善をつくしたにもかかわらず試合は二対一の敗退であった。

元来の負けず嫌いの沢村は、これをきっかけに次第に楠本に負けては甲子園で優勝できぬと、競争意識をむき出しにするようになっていった。事実、京都商業時代に書き残した文集には、「仇敵明石に破れて」と題して、悔しさを綴るほどである。

ぐいと勢いをつけて振りかぶるや、くるりと打者に背中を向けながら思い切り投げ込む、楠本の速球は迫力満点である。打席に立つ者にとっては脅威となり、つい腰が引けてしまう。世間では、「明石の楠本か、楠本の明石か」といわれる、まさに逸材であった。

楠本も、その力に自信をもっている。昭和六年の日米野球で、わずか二一球で六者連続三振に切って取ったときのことを引き合いに出しながら、「大リーグのグローブ投手は、自分の投げた球を見ると、すでに捕手のミットに入っているという話だが、俺はお前のミットに入る寸前に球が見える」と明石中学の捕手に語ったほどである。

卒業後は六大学で力を発揮し

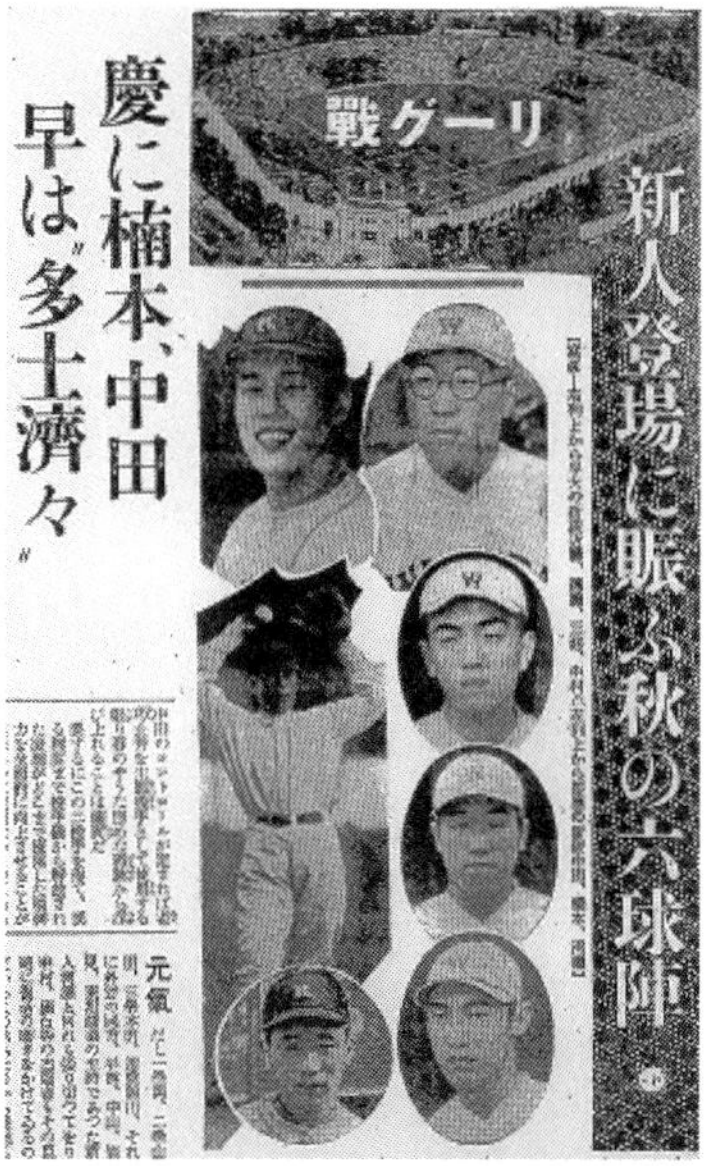

六大学の新人たち（読売新聞、昭和10年8月28日、国立国会図書館所蔵）

明石中学で剛球投手といわれた楠本〔右〕（ベースボール4巻9号、昭和8年9月1日、山際康之所蔵）

たいと慶應義塾大学への入学を目指したが、無念にも受験に失敗してしまった。市岡にとっては、こうしたときこそ交渉の狙い目である。沢村のときと同じように周辺の大人たちを探りながら交渉をすすめていった。沢村が憧れ、勝てなかったほどの腕前だ、逃すものか。考えることは同じで、そのうち慶應とは別の大学までもが獲得合戦に参入する様相になっていった。こうなると大人たちの主導権争いとなり、本人の意志など関係ない。

連日のように追い回される状況では勉学に集中できるはずもない。このままでは大学への進学は難しいと考えたようで、突然、彼は姿を消してしまったのである。雲隠れした楠本は目標のためにと明けても暮れても机の前から離れず猛勉強に励んだ。その甲斐あってついに彼は、念願のＫＥＩＯのユニフォームに袖を通すことができたのであった。

職業野球選手としての道を選んだ沢村と六大学へすすんだ楠本。同じ慶應を目指した若者は別々の道を歩みはじめた。

## 野球がオリンピック競技に？

　神宮球場で大観衆を前にした野口や楠本らの登場が待ち遠しい。いや、彼らにはもっと大きな舞台が待っていた。前年の日米野球直前にベルリンオリンピックで野球が公開競技になるのではと伝わっていたが、にわかに現実のものとなってきたのである。

　なんと国際オリンピック委員会において日本の委員が、ベルリン大会の競技種目のなかに野球を加える動議を提出したのであった。国内で議論のないまま行動に至ったのは何故か。委員の嘉納治五郎や杉村陽太郎、副島道正といった面々は野球とは無縁である。もしや競技に積極的だった米国からの働きかけがあったのかもしれない。米国で生まれたベースボールを世界中に普及させる絶好の機会である。

　日本にとっては、ここで米国に貸しをつくっておけば立候補している東京大会への賛同が得られやすい。ベルリンの次となる第一二回オリンピック大会は、日本のほかにイタリアのローマとフィンランドのヘルシンキが開催の意向を示している。特にイタリアを率いるベニート・ムッソリーニが熱望しているローマは強敵である。ここは米国の後押しがぜひともほしいところだ。

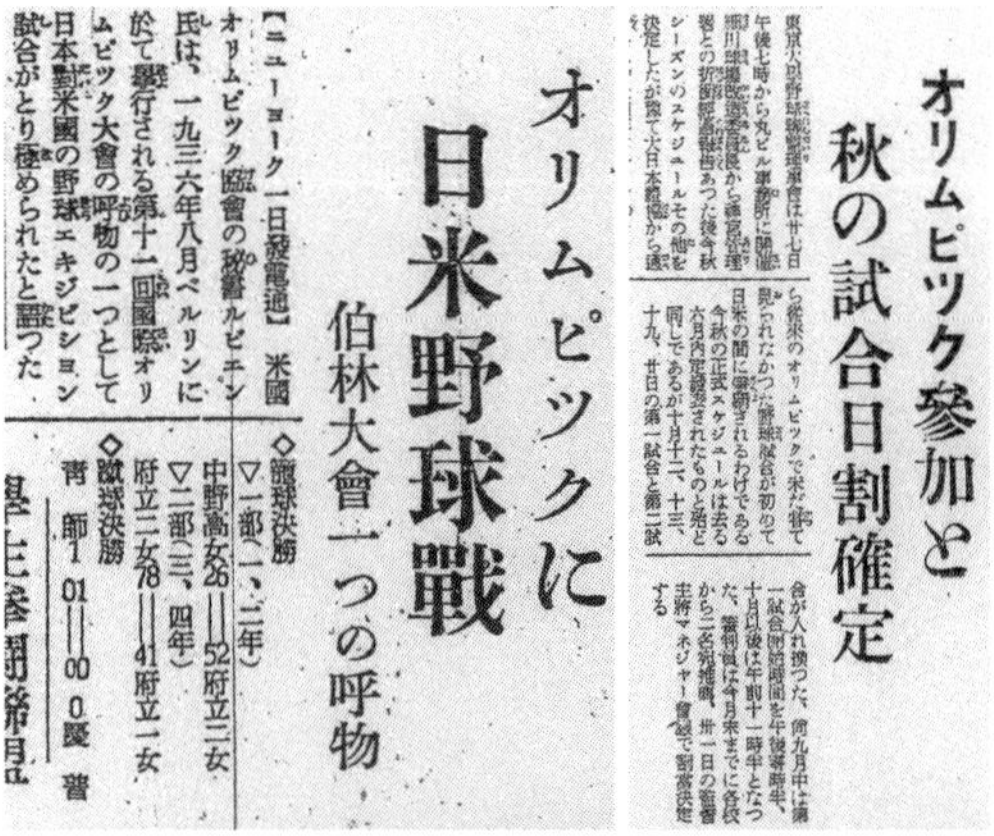
オリムピック參加と
秋の試合日割確定

オリムピックに
日米野球戰
伯林大會一つの呼物

【ニューヨーク一日發電通】米國オリムピック協會の秘書ルビエン氏は、一九三六年八月ベルリンに於て擧行される第十一回國際オリムピック大會の呼物の一つとして日本對米國の野球エキジビション試合がとり極められたと語つた

六大学がオリンピックへ向けて準備〔右〕（読売新聞、昭和10年8月28日、国立国会図書館所蔵）
野球競技がベルリン大会で実現〔左〕（読売新聞、昭和9年11月3日、国立国会図書館所蔵）

両者の思惑が一致したのだろう。日本の動議に対して米国が賛成を表明した。野球が普及していない欧州各国の反応は計り知れないが、国際的な発言力を増しつつある日本と、大会ごとに多くの選手を送り出して開催を成功に導いてきた米国の意思は無視できない。国際オリンピック委員会は、ベルリン大会で日米両チームによる野球競技の実施を可決したのだった。

委員会の決定をうけて、すかさず米国オリンピック委員会の野球委員を務めるレスリー・マンは、昭和六年の日米野球を取り仕切ったハンターを使者として送り出して来た。これまでハンターは、米国の窓口を担当しながら日米野球をはじめ日本での野球の普及活動に貢献してきた。ところが日米野球の際にちょっとした契約の行き違いから読売新聞社は彼と距離を置くようになっていた。そのため前年の日米野球ではオドールが米国の窓口として開催している。主導権を取られたかたちになったハンターは、再び存在感を誇示しようとしているようにも見える。

来日したハンターは、オリンピックでの競技を、「日米アマチュア最強チームを組織して檜舞台で雌雄を決せんとする」と意義を強調した。そして、米国チームは、国内で予選をすすめ、来年五月にニューヨークで代表を決めるための決勝戦を行う予定であると具体的な運営方法を示した。

日本でアマチュア競技を預かる大日本体育協会の平沼亮三は、ハンターから事前に電報で連絡を受けていたが、一方的な動きに困惑していた。野球が活発な日本と米国だけの競技の推進に、「左様簡単に行きますまい」と消極姿勢である。どうも国際オリンピック委員会、米国と日本の関係者の三者の考え方にズレがあるようにみえる。

それでも日本の鈍い反応を尻目に米国側はかまわずすすんでいく。ベルリン大会を前に両者による交流の下地をつくるためなのだろう、社会人と学生で編成する全米チームを日本に派遣することを発表したのだった。

こうなると乗り気でない大日本体育協会もなにもしないわけにはいかない。国際オリンピック委員会の決定は動かしようがない事実である。催促するかのようにドイツのオリンピック委員であるカール・ディーム博士からも平沼あてに招待状が送られてきた。やっとのことで重い腰をあげた協会は六大学を管轄する東京大学野球連盟に対して、ベルリン大会への出場を検討するように通達したのだった。

連絡を受けた東京大学野球連盟は早速、理事会を開催して協議に入った。世界が注目するオリンピックへの出場となればたいへん栄誉なことであろう。ベルリンの次は東京かもしれない。もし実現すれば、六大学を中心にすすむことは間違いない。そうなればオリンピックの出場を目指して六大学に入ろうと優秀な選手たちがやって来るだろう。

とはいえ、ベルリン大会まで、あと一年しかない。陸上や水泳といった個人競技とは異なり、チームを派遣するとなれば相当な人数になる。日本から遠く離れたドイツへ旅するだけでも莫大な費用がかかるはずだ。それに準備するとなればリーグ戦の日程も考慮せねばなるまい。手がかりになる情報が乏しいなか難しい判断が求められている。

やるからには国際化の第一歩となるオリンピック出場に六大学をあげて、ぜひとも成功させなければならない。理事会は情報の収集を急いだ。

## 弟分登場

いまかいまかと待ちわびていた群衆は、米国から凱旋した総監督の市岡らの一群を取り囲んだ。その歓迎ぶりはロサンゼルスオリンピックに出場した選手たちの帰国よりもはるかに熱狂的である。チームは渡米の時に、日本職業野球団や日本軍と表現されてきたが、旅の過程でトウキョウ・ジャイアンツという名称に決まると、新聞では、東京巨人軍と呼ぶようになっていた。米国での五カ月による成果は、大リーグの下位組織のチームや地域のセミプロ相手ではあったが、一〇九試合を行い七四勝三四敗一分という見事な出来であった。

選手たちの顔は自信に満ちていた。なかでも沢村は二三勝七敗一分の成績を残して渡米前

"東京巨人軍"都入り

凱旋選手を迎へて
大群衆、白熱の興奮
宮城、明治神宮を拝す

米国から凱旋帰国した巨人軍（読売新聞、昭和10年7月17日、国立国会図書館所蔵）

よりひと回り大きくなったように見える。帰国直後の新聞の対談で、彼は、「初めは何もわからずにただズバズバ投げていましたが、ようやく凡打主義を探ることに気づきました」と述べた。さらに、「自分の技術のすすんでゆくのが自分でわかってきました」と自らの成長ぶりを披露するほどであった。とても一年前まで中等学校生だったとは思えない。

新天地を求めて入団した水原も「守備の点ではコースト・リーグとはあまり大差はない」といってのけるほどである。苅田に至っては、「職業であるだけに、学生時代と異り、勝敗を考え、少々へビーなスケジュールにも耐え忍んで行く、いわゆる職業意識に目覚めた」とまるで別人のようになっていた。

多くの収穫を得た巨人軍は、しばらくの休暇のあと実業団や倶楽部などを相手に国内各地で巡業を行う計画をしている。さぞや米国帰りの技能を発揮するであろう。

それにしてもたった一チームの興行とは、なんとも心細い。大正時代から現れては消えていった職業野球団のように、いずれは立ち行かなくなるのではないか。いやそこは、読売新聞社を拡大してきた正力である。巨人軍が渡米している間に、新聞社、鉄道会社に声をかけ、職業野球リーグの創設に取り掛かっていた。

正力の構想は、巨人軍のほかに東京にもう一チーム、そして名古屋に二つ、大阪も二つ、九州に一つ程度のリーグをつくるというものである。名古屋では、昭和六年の日米野球で正力から興行権を一万円で譲り受けていた新愛知新聞社に働きかけていた。三万人もの観衆がぎっしりと入った球場を見た新愛知の役員たちは、事業としてのうまみを知ってしまった。とりわけ主幹で編集局長を務める田中斉《ひとし》は米国に留学して大リーグの繁栄を目の当たりにしている。本場のベースボールを知る自分を頼って、わざわざ誘ってきたのだと力が入った。

一方で正力は、同じ地域の同業者である名古屋新聞社にも促していた。なにかにつけて競い合う相手である。競争心を煽る巧妙な手口にまんまとのせられたようで球団の発足に動き出した。

職業野球團の創設
小林一三

小林が雑誌に発表した電鉄リーグ構想（改造17巻1号、昭和10年1月1日、山際康之所蔵）

大阪でもやはり、甲子園球場を所有する阪神電鉄と、その競争相手である阪急電鉄に声をかけていた。阪神電鉄は新愛知と同様に日米野球の興行権を一万七〇〇〇円で譲り受けている。大入りとなった甲子園は、二日間で約七万円もの収入をあげていた。ベーブ・ルースらが来日した昭和九年の開催でも興行権を得て七万人もの入場で二万円ほど儲けていたから、話に乗らないはずがない。

阪急電鉄の方は会長の小林が、年のはじめに雑誌「改造」で「職業野球団の創設」と題した寄稿文を発表していた。その中身は、職業野球団は、どのような組織をつくるかを考える前に、どう営業するかが重要だとして、東京の京成、東横や関西の阪神、京阪といった球場を所有する鉄道会社がチームを結成してリーグ戦を行うことを提案したものだった。

　それは、かつて単独チームだった宝塚運動協会による失敗から学んだものである。球場の入場料だけではなく乗車収入も見込んだ主張は具体的な事業計画を想像させ、いつ球団を設立してもおかしくない。当然、阪神が動けば、こちらが本家だと対抗心を燃やしてくるに違

東京巨人軍の弟分
生まれたぞ！
新職業チーム
上井草に百万圓の專屬球場
日本野球協會　設立披露

巨人軍に続き日本野球協会の発足が華々しく発表された（読売新聞、昭和10年8月18日、国立国会図書館所蔵）

建設を目指す上井草の球場（読売新聞、昭和10年10月9日、国立国会図書館所蔵）

いない。

九州では福岡日日新聞社に呼びかけていたのだが、こちらの方は反応がいまひとつであった。そのかわりに東京で思わぬチームが立ち上がった。衆議院議員の駒井重次と鶴見祐輔による日本野球協会である。

資本金一〇〇万円で西武鉄道からの支援をうけるという球団は、東京会館で華々しく設立披露会を催した。席上で鶴見は、「ロサンゼルスオリンピックの例に見ても将来日本のスポーツ特に米国の作った野球を日本が打ち負かすようになれば恐らく米国人の対日本人観はガラリと変ってくるに違いない」として職業野球の必要性を唱えた。

おまけに鶴見は、西武鉄道の沿線にある上井草に武蔵球場を建設することも発表した。その規模はというと、二万五〇〇〇坪の土地に、米国の球場を模した二階屋根付きの観客席を設けた八万人収容の東洋一のスタジアムというから仰天だ。第一期工事として三万八〇〇〇人を収容する観客席を、この秋までに完了させるのだという。

チームの準備も万全なようで、「東京巨人軍に対抗して下らぬ自信のメンバーが出来上ります」と自信たっぷりである。そのことばを裏付けるように、慶應義塾大学出身者を軸に編成し、投打で名を馳せた永井武雄や、かつて職業野球選手認定一号となった宮武などの参加が囁かれた。大連で活躍していた山下実、水谷則一が入団するために内地へ戻る準備をすすめているという話も伝わってきたから強力な布陣である。

巨人軍に次ぐチームの出現に正力も歓迎し、読売新聞では、「東京巨人軍の弟分」という見出しで報じた。各チームとも、うかうかとしていられなくなった。選手争奪の火蓋が切られた。

## しがない交渉人の旅

野球を商売にするなど雲をつかむような話だ。とはいえ競合の新愛知新聞社も球団を発足させただけに、ここはなんとしてでも負けるわけにはいかない。まずは優秀な選手をそろえなければ。

球団の実務を担当することになった山口勲は、もともと京都日出新聞社東京支局にいたが、広島の同郷だった名古屋新聞社東京支社長の大宮伍三郎に声をかけられ、この道に入ってきた。球団といっても、まだ正式な会社組織ではなく職員などいないから、彼はなにからなにまでひとりで担当しなければならなかった。選手を獲得するための交渉も役目のひとつである。こうした仕事には名称はないが、さしずめ交渉人といったところか。

　山口は監督の岡田源三郎に会うと、明治神宮体育大会に出場している選手たちの実力について意見を聞いてみることにした。ちょうど戸塚球場では、大学の部による新人の勝ち抜き戦があったばかりだった。注目は、明治大学に入学したての野口で、楠本が出場する慶應を完封する見事な出来を見せた。間違いなく最有力の候補である。

　岡田にとっても野口は感慨深い選手である。それもそのはずで、岡田は昨日、その明治大学監督の辞任を発表して、名古屋新聞社が発足させた金鯱軍というチームの監督になったばかりだった。中京商業時代に捕手だった野口の強肩を買って、大学に入学するや投手に転向させたのは岡田である。

　では、一刻も早く交渉しましょう。山口は前のめりになった。しかし、岡田は首を縦にふろうとしなかった。たしかに職業野球入りすれば、間違いなく力を発揮するだろう。だが入学したばかりの選手を退学させるのは、さすがにまずい。世話になった大学に対して後ろ足で砂をかけるようなものだ。

　とはいえ、やはり縁の深い明治大学の選手たちの姿が思い出される。卒業を前にして仕事先を探している者なら就職の斡旋にもなり問題あるまい。上級生の山脇正勝はどうだろうか。

　あとは卒業者だ。そうなると大連実業団の松木謙治郎や東京倶楽部の真野春美といったところだろうか。たしかいま、松木の大連実業団は内地に遠征にきて各地で試合をしているはずである。遠征先のどこかで会って交渉することができるだろう。山口は岡田の話を聞きながら獲得すべき選手たちを次々にメモしていった。

投手　山脇正勝（明治大学）　赤根谷飛雄太郎（秋田商業）
捕手　加藤春雄（岐阜商業）　加藤三郎（岐阜商業）
内野手　松木謙治郎（明治大学出身）　真野春美（明治大学出身）
田部武雄（明治大学出身）　小島利男（早稲田大学）
林好雄（明治大学出身）　勝川正義（慶應義塾大学）
外野手　松井久（明治大学出身）　桝喜一（明治大学出身）
筧金芳（岐阜商業）

中等学校生のなかにもいい選手がいる。岡田は、「東京巨人軍の沢村投手に拮抗すべき実力ある名声を獲得」すると表明していたが、まさに秋田商業の赤根谷飛雄太郎はぴったりの選手であった。この夏の甲子園の大会でも快速球ぶりを見せて観衆を沸かせたことが思い出される。

それにしても、めずらしい名前だな。山口は岡田の口から出た赤根谷を見ようと、その足で、明治神宮体育大会へ向かった。大会は大学と同時に中等学校の部でも勝ち抜き戦が行われており、この日はちょうど秋田商業と広島の呉港との対戦だった。呉港の藤村富美男は甲子園出場の常連投手である。案の定、試合は投手戦になり、赤根谷が四安打に抑える好投をみせると、藤村も一一もの三振を奪うといった投げ合いになった。両投手による気迫で見ごたえのある展開となったが、秋田商業は惜しくも四対三で敗退してしまった。

負けはしたものの赤根谷の球の威力は素人目にもわかる。チームができれば、国内巡業で注目されている沢村のようにきっと人気者になるだろう。獲らない手はない。

相手の藤村もなかなかのようだ。山口にとっては故郷の広島だから、いっそう親しみを感じる。彼は交渉する選手の一覧表に名前を加えた。

いよいよ交渉の初仕事である。まずはチームの柱になる赤根谷からだ。山口は岡田とともに秋田へ向かうことにした。山口もまた明治大学の出身だったが、大学時代は雄弁部に所属していたので交渉ごとは得意なはずである。とはいうものの世間では、できたばかりの職業野球の存在をまだ知らない。いくら新聞社が経営しているとはいえ、所詮、地方紙にすぎない。いきなり訪問して本当に大丈夫だろうか。弁がたつ山口もさすがに心配になったようで、出発を前にして明治神宮へ参拝すると交渉の成功を祈った。

岡田明大監督辭任
職業團に入る
後任 谷澤助監督昇格か
山下
鈴木

明治大学を辞任して金鯱軍監督になった岡田（読売新聞、昭和10年11月1日、国立国会図書館所蔵）

上野から夜行列車に乗った一行が秋田に到着したのは翌日の昼頃だった。新愛知新聞社に先を越されてはまずい。長い道のりで疲れもあったが休む暇もなく自宅へと足を運んだ。ところがお目当ての赤根谷は、東京での大会からまだ戻っていなかった。

対応に出たのは母である。父は病に倒れ、赤根谷は母、妹と暮らしていた。家庭の状況を知った山口は、家を守る母へ、金鯱軍を発足させたので息子の飛雄太郎君を任せてほしいと申し出た。

職業野球⁉　それはまっとうな仕事なのか。ただでさえ野球のことなどわからない。話を聞いた母は戸惑うばかりであった。ここは焦らずと悟ると、山口らは改めて訪問することにして家を出た。

翌日、山口は再び家を訪問した。岡田は選手探しのため、仙台に行ってしまったので、ここからはひとりきりである。この日も赤根谷は、自宅へ戻っていなかった。母の話から、すでに法政大学から勧誘を受けているようである。ならば、こちらも負けじと前日以上に、名古屋新聞社による職業野球団なので安心してほしいと熱弁をふるってみせた。

　今日もだめか。ゆっくりと東京見物でもしているのだろうか。山口は、そのあとも毎日のように訪れたが不在の状況はかわらなかった。こうなると母との話題も尽きてくる。だが山口は根気よく入団すれば将来は明るいと説いた。

　本人がようやく戻って来たのは、山口が秋田に入ってから六日目のことである。待ちに待った対面を望んだが、あろうことか、赤根谷は秋田商業から法政大学に入った先輩と一緒で、すぐに外出してしまった。どうやら法政大学の勧誘の方が大きく先行しているようだ。大会はとっくに終わっているにもかかわらず、ここまで時間がかかったのは、金鯱軍が連日、自宅を訪問しているという情報を法政大学が入手して保護していたのかもしれない。帰る気配のない交渉人にあきれながらも帰宅しないわけにもいかず、法政の先輩に囲われて戻って来たように見える。

　赤根谷のそっけない態度に、さすがの山口も落胆した夜となった。彼は日誌に記した。

金鯱軍が獲得を目指した赤根谷（ベースボールニウス149号、昭和11年2月10日、山際康之所蔵）

「暴風雨のため安眠出来ず」

よし、明日こそ本人と話そう。

その思いが通じたようで、翌日昼前にようやく赤根谷との面談が実現するはこびとなり四時間以上にわたって説得を試みた。しかし、彼の心は法政大学にあった。いうまでもなく、六大学に入学すれば誰もが憧れる神宮球場で投げられる。見世物の職業野球とは格が違う。

それでも山口は赤根谷家に通い続けた。熱心に話す山口に、母もいつのまにか情がわいたのか耳を傾けるようになっていた。新聞社による球団で信頼ができる。経済的な保障もありがたい。そのうち母は親戚縁者も金鯱軍入りに賛成しているので、息子にいい聞かせると述べるまでになっていった。

一方、法政大学も負けてはいない。赤根谷は大学入りを望んでいることは間違いないが、万が一、気がかわってしまったらたいへんだ。大学の先輩は彼と毎日のように会っては初志貫徹を繰り返して確認した。

法政に行きたい、いや金鯱へ行くべきだ。両チームによる争奪戦は、とうとう家庭にまで飛び火したようで、山口が自宅を訪れると赤根谷と母との間で、大声で怒鳴り合う喧嘩になっていた。ここは冷静にと仲裁に入ったものの気がつけば山口は母に加担するように金鯱軍入りを勧誘するものだから、余計にこじれる。

両チームの思惑と家族の感情とが入り乱れるなか収拾をはかりたい赤根谷は、もうこれ以上はご免だと、友人を通じて正式に金鯱軍入りを拒否すると山口に伝えたのである。もはやこれまでだ。山口はあきらめるしかなかった。一三日間にもおよぶ秋田での攻防戦は終止符をうった。

それにしても競合する新愛知にばかり目を奪われていたが、人気の六大学の壁は、それ以上に高かった。ましてやオリンピックが現実味を帯びてきたいま、挑む相手はあまりにも大きい。

なおかつ新興の事業を理解してもらうのは容易なことではない。だが縁あって飛び込んだ世界だ。信じればきっと先が見えてくるはずだ。山口は気を取り直すと明治神宮体育大会で観た、あの投手を獲得すべく列車に飛び乗った。

### 打倒巨人への道

日本新聞聯合社が構える大阪の中之島にある江商ビルヂングは、取材競争を勝ち抜こうとする意気さかんな男たちの出入りがたえない。そうしたなか、同じ建物にある四〇七号室では、ある事務所がひっそりと開設された。誰にも悟られまいとするかのように看板すらない。家賃一四〇円の持ち主は、職業野球団の立ち上げを目指す阪神電気鉄道の準備委員会である。

わずか一二坪ほどの部屋には、机が五つと電話が一本ひかれているだけの殺風景なものであった。忙しそうにしている男は、清荒神《きよしこうじん》から宝塚を結ぶ清宝バスで専務をしていた田中義一と後輩で関西大学野球倶楽部マネージャーの中川政人である。そして、そのそばには阪神電鉄事業課係長の冨樫《とがし》興一がいた。

もともと阪神電鉄が職業野球団をつくるきっかけになったのは、春先に田中と中川が冨樫に働きかけたことからはじまる。日米野球に対する世間の関心の高さは相当なものだ。ましてや甲子園球場を所有しているのだから好都合である。両人は冨樫に球団結成の必要性を力説した。時を同じくして、正力の計画を伝えるために市岡が、旧知の冨樫に話を持ちかけていた。冨樫は学生時代に、慶應義塾大学野球部で外野や一塁を守って活躍した選手である。当時のチームには巨人軍発足に奔走してきた三宅も所属していた。同じ時期に、早稲田大学の野球部に市岡がいたので、交流はそうした頃からであろう。相重なる呼びかけにより、電鉄は本腰を入れて協議をはじめるといっきに実現へとすすんでいったのだった。

事務所では三人が話し込んでいた。東京のほかに名古屋、大阪で職業野球団ができるらしい。特に大阪では競合する阪急電鉄の参入が噂されている。こうして事務所を秘密裡にしているのも阪急を警戒してのことである。

すでに監督としては、明治大学野球部で指揮の補佐役をしていた谷沢梅雄を迎えることを決定しており、本人の了承も得ている。残るは選手の獲得である。当初、選手の採用は、関西の出身者を考えていたが、電鉄役員の意向もあり、人気の六大学出身者と甲子園で活躍する中等学校生に方向転換した。三人は優秀な人材はいないかと、連日のように物色していた。

どうやら大阪にいるらしい。この機会を逃す手はない。田中と中川は大連実業団の松木謙治郎が梅田新道にある知人の運動具店にいることを聞きつけると急いだ。松木は明治大学出身の左打者で、堂々たる体格から打ち出す打球は力強く脚力もある。そのうえ、大連実業団を率いて選手たちを束ねているから、新しいチームができたなら主将にもってこいである。

その彼が内地にいるという。小倉到津球場で開催された西日本選抜都市対抗野球大会に出場していたから大阪方面に足を延ばしたのだろう。田中らは松木を見つけると、即座に交渉をはじめた。巨人軍に対抗する職業野球団を阪神電鉄がつくったので、ぜひともチームに入ってほしい。

説明を聞いた松木は、写真屋の仕事の合間に試合をすればいいだろうと、軽い気持ちで引き受けることにした。ちょうど満洲

明治大学出身の松木（ベースボール2巻8号、昭和6年8月1日、山際康之所蔵）

から引き揚げて義兄と一緒に写真屋でもやろうかと考えていた矢先であった。そこで松木は、開業の資金にあてるために、支度金はいらないが月給を二〇〇円として二カ年分を前払いしてほしいと求めた。

　二カ年分！　田中は目を白黒させた。ということは四八〇〇円か。月に一〇〇円あれば余裕をもって家族を養っていける金額である。彼は頭を巡らせた。一度に大きな出費は痛いが支度金の必要はない。なによりも松木がきてくれるなら安いものである。太っ腹な田中は条件を受け入れることを了承すると、正式な契約をするまでに金を用意することにした。松木は支度のためにいったん満洲に帰り、国内遠征のために再び内地へ戻るので、その際に大阪の事務所を訪れると約束して別れた。

　ようし、幸先がいい。はり切る田中が次に見つけてきたのは広陵の門前《もんぜん》真佐人である。これまで広島では藤村の呉港が圧倒的な強さをみせ、広陵が甲子園に出場する機会はなかった。ところが今年の春の大会で選ばれると、あれよあれよと決勝まですすんでいってしまった。試合は強豪の岐阜商業に敗れてはしまったものの内野手の岡田宗芳や白石敏男らのチームは存在感を見せつけた。

　なかでも門前は際立っている。マスクをしたまま、いとも簡単に二塁へ送球してみせるとは、なんと肩がいい捕手だろうか。しかも勝敗を左右する場面では、体ごとぶつかって捕球する。チームのお手本として必要な人材だ。

　事務所で田中の話を聞いた冨樫は、ただちに中川とともに広島へと旅立った。一行は駅前の旅館に着くなり、広陵の野球部長に電話をかけると門前の職業野球団入りを打診した。なんの前触れもなく、ふってわいたような話に戸惑いつつも部長は、授業中の門前を教室から呼び出した。

　なんのことだろう。わけがわからないまま門前は旅館に連れ出されると大人たちが待ち構えていた。聞けば阪神電鉄が球団を発足させたので入団しないかという勧誘だった。かねてより、彼のところには慶應義塾大学から誘いがきていた。広陵から慶應に入学して捕手をしていた小川年安が卒業したばかりで、大学としては後釜にどうしてもほしい。

阪神に入団を決めた広陵の門前〔左〕（スポーツ日本47号、昭和10年4月10日、山際康之所蔵）

　当然ながら本人も先輩のあとを追って慶應へ入学することだけを考えていた。このまま進学すれば、神宮球場での出場はもとより、オリンピ

日本各地を巡業して実業団と対戦した沢村〔左〕（山際康之所蔵）

ックも夢ではない。

予想したとおり交渉は難航したが、冨樫と中川は粘り強く説得した。冨樫は温厚で笑みを絶やさない篤実な男である。その人柄は交渉にも表れるようで、いつのまにか相手の懐に入り込んで信頼を得てしまう。ましてや野球をしていたから、技術的なことから精神的なことまで選手の悩みを包み込んでしまうのである。そのうえ中川の巧みな話術も心を引きつけるものがあったから、交渉の席に入ると不思議なことに吸い込まれていくようだった。

甲子園！　あの大球場で試合ができるというのか。門前は時間の経過とともに話に魅了されていき、気がつけば入団に同意していた。

門前に提示した金額は、支度金六五〇円、月給一〇〇円だった。都会で働く大学出の会社員より月給が高い。ちょっと奮発したが、これから入団する選手たちの励みにもなるはずだ。ともあれ、これでひと安心である。松木との契約はまだだったので、球団としての選手第一号となった。

契約の成立で事務所の雰囲気も明るい。そこへ約束どおり正式な契約をしに松木がやって来た。大連からの移転費用として四〇〇〇円の追加も受け取ることになったから、さぞやご満悦であろう。

さにあらず、神妙な面持ちであった。それもそのはずで、遠征中の大連実業団は、五日前に巨人軍と対戦をしたばかりであったが、結果は〇対三という無様な敗北であった。巨人軍先発の沢村は、大連を相手に、わずか三安打におさえて一一もの三振を奪っていた。米国帰りの沢村は各段に投球術が向上しており、いまでは風格すら感じられる。対する三番一塁手で先発した松木は、四打数無安打三振二つの成績でまったく振るわない。巨人軍とはこの一カ月ほどで三試合を行ったが、いずれも負けて歯が立たないでいた。

3—0
必死の大連を抑へ
巨人軍三連勝す
澤村、三振十一奪ひ
九回まで二塁を踏ませず
評 河野安通志

巨人に完敗した大連実業（読売新聞、昭和10年11月2日、国立国会図書館所蔵）

大連実業団といえば都市対抗野球大会でも優勝している強豪である。これまでに、大連市の代表争いで満洲倶楽部との対抗戦に躍起になっていたが、よくよく考えてみれば限られた地域での話にすぎない。気がつけば職業野球の技術の方がはるかに上だった。松木の心は揺さぶられた。中途半端な気持ちで野球をやっていては駄目だ。チームを強くして必ずや巨人軍を倒してみせる。松木の闘争心に火がついた。

## 手をそえて捺印

　選手の入団がすすみ順調に動きはじめたかにみえた阪神電鉄であったが、突然、予期せぬ知らせが飛び込んできた。なんと明治大学の監督だった岡田が金鯱軍の監督に就任したため、後任として谷沢が選ばれたのだという。谷沢とは内々で阪神電鉄の監督になることを了承してもらっていたのだが、どうやら大学内で昇格の声が高まり断りきれない状況になってしまったようだ。

　とんだ煽りを食ってしまった。急いでかわりの監督を検討した結果、この夏の甲子園で松山商業を指揮して初優勝に導いた森茂雄を候補として交渉することになった。大至急、連絡をとり交渉開始である。

　その間に中川は大物選手を獲得するために再び広島の地へ向かった。お目当ての選手は、明治神宮体育大会で赤根谷と投げ合った呉港の藤村だった。春、夏の甲子園に六回も出場して優勝までしている投手である。ぜひともほしい。

　これまでに藤村には冨樫が明治神宮体育大会の決勝戦の際に声をかけていた。素質にほれ込んだことはいうまでもないが、それ以上に親近感がわいたのも事実だろう。実は冨樫の息子も甲子園への出場を夢みて中等学校へ入学する予定でいた。外では温厚な彼も、こと息子の野球の指導になるとついつい熱が入り、厳しくなってしまう。冨樫は藤村の投球を観ながら息子と重ね合わせていたのかもしれない。

　中川は藤村と接触する前に周辺を調査してみると、法政大学との間に並々ならぬ関係であることがわかってきた。彼が出場した明治神宮体育大会では練習用として球場が提供されていた。藤村が使う野球用具はもとより、やんちゃをして壊した机の弁償まで大学が支払っているようだ。至れり尽くせりである。当然ながら、大学との関係を重視する呉港の学校関係者は法政への進学をすすめていた。

　手ごわい交渉になりそうだと中川は冨樫に応援を頼むと藤村家を訪れることにした。案の定、応対に出た父の鉄次郎は法政大学入りを決めているので見向きも

呉港の藤村（ベースボール5巻10号、昭和9年10月1日、山際康之所蔵）

しない。

それでも冨樫らは諦めない。大学に入ったからといって、その先の将来まで面倒を見てくれるわけではない。職業野球なら立ちどころに金が手に入り、本人にとっては幸せなはずだと粘り強く話した。そして月給は一〇〇円で、支度金は門前よりも上の七〇〇円を提示したのだった。数時間にもおよぶ説得に、鉄次郎は徐々に阪神の入団へと傾きはじめていった。

# 呉港の藤村投手
# 職業團入の波瀾
## 〃後援會〃から横槍

【呉電話】職業野球熱の擡頭と共に球界の花形選手の行方は各方面から注視されてゐるが呉港中學の剛球投手藤村富美男選手(二一)の職業團入りについて新しい問題を投げるに至つた
同選手は卒業してから同校野球部長及び後援會等の計らひで法政大學入りを豫定されてゐたが本月中旬阪神電鐵の職業團に加入方の勧誘を受けたゝめ實父鐵次郎氏がこれを承諾、正式契約をしたところ後援會關係者が法政との關係を顧慮して抗議したためである、大學入學の可能は入學試驗がそれはそれを受けて初めて確定するものであり卒業前の今日その大學入りを豫約し得る筈はないが、選手、殊に野球においてはこの『秘密の豫約』を當然事とする傾きがあり今後も同樣の問題を惹起する惧れが各方面に認められる
なほ廣島縣、廣陵中學及び呉港中學等の代表者は廿七日呉市に會

藤村の入団は波紋をよんだ（読売新聞、昭和10年11月27日、国立国会図書館所蔵）

それでは、二人とも面倒をみましょう。交渉の過程で家族の様子を知った冨樫は最後の秘策にうって出た。それは藤村だけでなく、次兄の清章も球団の事務員として迎え入れることだった。もうこうなると父も断る理由などない。むしろ望むところである。

早速、翌朝一番に中川が訪れ、本人に契約書を差し出してみせると、早いこと判を押すようにと促した。もう家族から聞いていたのであろう、藤村が判を持つと、中川はここで逃げられては困るとばかりに、そっと手をそえて捺印したのだった。安堵する中川に対して、藤村はまるで狐につままれたような気分であった。

藤村が学校へ遅れて入ると、もう職業野球団と契約したことが広まっていた。教員室への呼び出しがあると野球部長は怒り心頭である。

「おい藤村！　君はプロに入るならなぜ一言そういってくれぬのか」

彼は困惑した。契約については自分ですらまだ半信半疑であるというのに、いきなり叱責するとは。理不尽な対応に鬱積していたものがいっきにでた。これまで学校と大学とでどのような話し合いがされてきたのか、一度も教えてくれなかったではないか。学校の興味は法政大学へ学生を送り込むことだけで、家庭のことまで心配してくれていたか疑問である。藤村は部長に対してことばを荒げた。

藤村の契約は時間とともに波紋が広がっていった。野球部の後援会は法政大学との関係を危惧して学校へ抗議してきた。藤村を進学させるために段取りをすすめてきただけに、学校としても見過ごすわけにはいかない。職員会議でも議題になるや、「学校を無視された形でまことに遺憾」だとして、藤村に対して一カ月の謹慎処分を下したのだった。

夏の甲子園で優勝したおかげで志願者は倍増したはずである。学校へは充分に貢献してきたつもりだというのに、みんなと汗を流した野球部にも出入りを禁じられてしまうとは。やり場のない怒りに身を震わせるばかりであった。

よしこうなったら、意地でも職業野球選手として一人前になって見返してみせる。藤村は心に誓った。

しまった、ひと足遅かったか！　そこへやって来たのが金鯱軍の山口だった。明治神宮体育大会で赤根谷と対戦した藤村をなんとしてでも獲得せねばと駆けつけたが、時すでに遅しで、契約は成立したあとだった。秋田での交渉に時間をとられている間に、阪神電鉄に先を越されてしまうとは。山口は地団駄を踏んだ。

## ベルリンオリンピック出場なるか

　ベルリン大会まで一年足らずとなり、国内で調整をすすめているオリンピック準備委員会は慌ただしさを増していた。とりわけ選手派遣に伴う費用の捻出や経費を抑えるための方法は難題である。寄付の拡大や渡航のためのシベリア鉄道の運賃割引といった検討が求められた。無論、競技者である選手たちの健康管理も重要な案件になっている。選手村での日本式風呂の設置交渉から日本人料理人の手配まで多岐にわたり大わらわである。

　各競技の選手たちも出場へ向けて活発化してきた。陸上では吉岡隆徳が一〇〇メートル競技で、一〇・三秒の世界タイ記録を出している。もはや表彰台の姿が見えてくるようだ。水泳も前回のロサンゼルス大会に続き、メダル獲得の可能性が高いだろう。いずれの種目も準備に余念がない。対する野球はというと公開競技のせいで後回しなのか、いまだ情報が不確定で、どこから手をつけてよいかわからない状況であった。

日米による対戦だと聞いているが、はたして一試合だけなのだろうか。本当に他の国は出場しないのか。そもそも野球が普及していないドイツで球場などあるのか。疑問だらけである。大日本体育協会から出場の検討を要請されている東京大学野球連盟の不安も大きい。

その予感は見事に的中した。しばらくするとベルリンの大会委員会から意外な報せが入ってきた。それは今回は、あくまでも欧州各国にとって未知の競技ともいえる野球がいかなるものかを紹介する程度だというのである。それも日米の陸上、水泳のオリンピック出場選手のなかから野球の心得のある者がチームを作って試合をやってくれればよいというのだから拍子抜けだ。おまけに使用球も軟球でよいというから、もはや競技とはかけ離れた余興そのものである。もし本当だとすれば、連盟としては真剣に検討するまでもなく派遣の必要などない。

オリンピック準備委員会でも、第四回の会合で議論になった。出席者は委員長の平沼のほかに、明治大学で野球部のマネージャーだった松本が外国関係主事として参加していた。彼は、日米野球で伊達が怪我をしたゲーリッグに面会した際に通訳を務めるなど野球には精通している。ここはぜひともオリンピック出場のためにチームの派遣を後押ししたいところだが、いかんせん情報があいまいである。時おり入ってくるベルリンからの要求も、あまりに

スポーツ新話題
覇者早大
歐米大陸にW旗
米國遠征からベルリンへ
オリムピック野球

ベルリン大会での参加を表明した早稲田大学（読売新聞、昭和10年11月11日、国立国会図書館所蔵）

もお粗末で話にならない。とうとう会合では、「野球参加については独逸委員に確約したる物に非らざる」と消極的になってしまった。

ならば我々が日本代表としてオリンピックへ参加する！　否定的な空気が漂うなか秋季リーグ戦を制した早稲田大学が、来春予定している米国遠征の際に欧州にわたりオリンピックへ出場すると計画をぶち上げた。野球部長の山本忠興博士は、「スポーツによる国際親善の大きな効果」として詳細をつめて田中総長に許可を得たいとしたから本気である。

総長の斡旋があれば遠征費用の五、六万円の捻出も可能だと関係者の鼻息も荒い。さらに秋季に二度目の首位打者になった小島利男の卒業を延期させてでも最強のメンバーで臨みたいと周囲は意気盛んだ。野球部の出身者による稲門倶楽部には伊達や久慈も一員となっているから、先輩陣も加われば相当な力になるはずである。それにしても彼らは大リーグと対戦した経験があるが、公開競技での出場の資格はあるのだろうか。選手として無理なら指導者としてなら大丈夫かもしれない。議論は尽きない。

だが、はり切る早稲田大学をよそに連盟は議論を重ねた末、「わずか一回限りのエキシビション試合に巨額の費用をかけてチームを派遣する余裕はない」としてオリンピック出場の中止を決定してしまったのだった。オリンピックの競技に野球が採用され、世界の代表として日本と米国が対戦するという、まさに夢のような話だっただけに連盟も苦渋の選択だったに違いない。とうとうオリンピックでの野球競技は実現不可能となってしまった。

しかし、日本の判断を無視するかのように、米国アマチュア野球協会は、予定どおり全米チームを日本に送り込んできた。チームを率いるのは、米国オリンピック委員会の野球委員で米国アマチュア野球協会会長のマンとハンターである。あいまいな情報で中止を決めた日本を思い留まらせるためにやって来たのであろう。

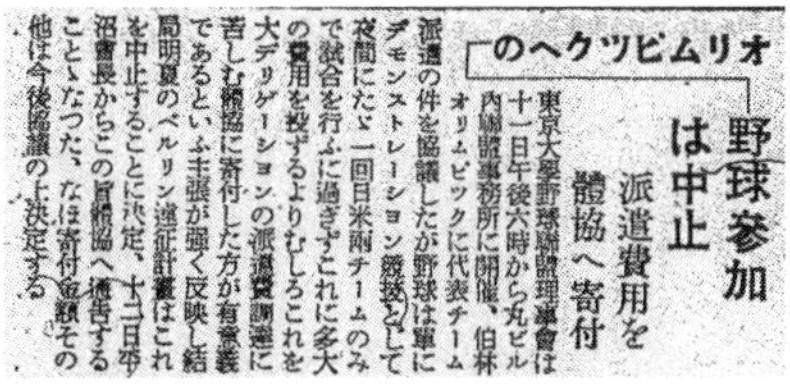
オリムピックへの
野球参加は中止
派遣費用を體協へ寄付
東京大學野球聯盟理事會は十一日午後六時から丸ビル内聯盟事務所に開催、伯林オリムピックに代表チーム派遣の件を協議したが野球は單にデモンストレーション競技として夜間にたゞ一回日米兩チームのみで試合を行ふに過ぎずこれに多大の費用を投ずるよりむしろこれを大デリゲーションの派遣費調達に苦しむ體協に寄付した方が有意義であるといふ主張が強く反映し結局明夏のベルリン遠征計畫はこれを中止することに決定、十二日平沼會長からこの旨體協へ通告することゝなつた、なほ寄付金額その他は今後協議の上決定する

オリンピックの派遣は中止となった（読売新聞、昭和10年10月12日、国立国会図書館所蔵）

ハンターにとって、もうひとつ気がかりなのは、発足が噂されている職業野球リーグである。オドールが斡旋した日米野球をきっかけに巨人軍が発足し、あとに続けと東京や大阪でチームが生れようとしている。学生が少しでも職業野球に関係すればオリンピック出場の資格がなくなってしまう。

そこまで心配する背景には、米国にとって苦い経験があるからで

アマチュア野球をささえたハンター（日米大野球戦グラフ、昭和6年10月25日、山際康之所蔵）

ある。それは二〇年ほど前に開催された第五回ストックホルム大会のことである。日本がはじめて参加した記念すべきオリンピックで、マラソンの金栗四三が出場している。

大会で話題をさらったのは、なんといっても五種競技と十種競技の両方で優勝した米国代表のジム・ソープである。もともとソープは陸上競技のほかに野球やフットボールなどをこなす万能選手であったから二つの競技も柔軟にこなすことができたのだろう。いずれの競技も二位以下を大きく引き離す記録を出し、人並み外れた彼の力は世間を驚かせた。開催国スウェーデン国王のグスタフ五世は、「世界に於ける最も偉大なる競技者」と彼を讃えるほどであった。

しかし、その栄光もつかの間、一年後にソープは、アマチュアの資格と金メダルを剥奪されてしまったのである。以前に彼は、野球のセミプロチームに所属して二年間にわたり月六〇ドルを受け取りながら試合に出場していたことが発覚したのだった。

これまで国際オリンピック委員会は、近代オリンピックの生みの親であるピエール・ド・

クーベルタン男爵によるアマチュア観を継承してきた。その定義は、「アマチュアとは、金銭上の打算のために直接又は間接の利益をこの競技から得ることを欲しないで、スポーツを愛好、娯楽のために専心競技を行う者を指していう」とした。金のために競技する人、職業選手と共に競技する人、体育教師あるいはトレーナーとして金を取る人、広告的なマネキンとして競技に出る人は、アマチュアではないとしていたが、まさしくソープはプロフェッショナルとみなされ処分の対象になったのである。

この事件を契機に、オリンピック出場選手はアマチュアリズムの原則が盛り込まれた宣誓文に署名することが求められるようになった。皮肉にも野球が、オリンピックのアマチュアリズムを鮮明に打ち出す役割をはたしたのである。

それだけに、日本に職業野球が生まれれば、アマチュアといえども接触の機会が増え危険である。それに、プロフェッショナル化をすすめるオドールに対して、アマチュアの祭典オリンピックを支援する自らの存在価値も失墜しかねない。べ

職業野球設立に尽力したオドール（ベースボール3巻1号、昭和7年1月1日、山際康之所蔵）

ルリン大会への派遣が中止になったにもかかわらず、ハンターがやって来たのは、弱体化の恐れがある日本のアマチュア野球への懸念と、オドールとの権力争いが理由だったかもしれない。

来日したチームは、全米各地の大学や社会人から選抜された選手で構成されていた。神宮球場での初戦の相手は明治大学である。全米という名前の響きはベーブ・ルースらの強力チームと重なるが、そこはプロフェッショナルとアマチュアとの差があるようで、新人投手の野口を打ち込むことができず、あっけなく敗退してしまった。

その後、早稲田大学、慶應義塾大学といった六大学や東京倶楽部とも対戦をしたが、全米チームの成績は五勝三敗だった。日米の力が拮抗した結果となったが、もしオリンピックで対戦したなら、白熱した展開となり、さぞや観衆を沸かせたことであろう。

米国アマチュア野球協会長のマンはアマチュア同士による日米交流に満足していた。彼の来日の目的はチームが勝利することではなく、日本をベルリン大会へ参加させることにあった。説得をこころみたものの調整は不調に終わってしまったが、それでも彼は気落ちすることはなかった。ベルリンの次は立候補している東京がある。開催が決まれば、間違いなく野球は競技として採用されるだろう。マンは希望を胸に横浜港をあとにした。

# 第4章

# あの手この手

## 激戦区広島

このままでは故郷の笑い者だ。広島出身にもかかわらず呉港の藤村を阪神電鉄に獲られ、金鯱軍の山口は悔しさでいっぱいだった。そのうえ地元の中等学校をすっかり見過ごしていたことに、情けなさが込みあげてくる思いであった。県内には呉港のほかにも広陵や広島商業といった甲子園にもたびたび顔を出す強豪が目白押しである。まだまだ優秀な選手がいるはずだ。ここはじっくりと腰を据えて交渉にあたる必要がありそうだ。

山口は広陵の元後援会役員らと面談しながら獲得すべき選手の検討をはじめた。名前があがったのは、阪神電鉄に入団が決まった門前と同じ広陵にいる一塁手の白石敏男だった。いっそう視野を広げて話をすすめてみると県下の中等学校の卒業生たちは広島専売局に就職していることがわかった。捕手の広田修三と内野をこなす濃人渉もそうした選手だった。

元後援会役員のすすめもあり、山口はそのなかから、まずは濃人との交渉を開始することにした。ハワイで暮らす濃人の家族は、もともと日本からの移住者だった。あるとき、祖母の面倒を見ようと母は子供たちを連れて故郷の広島に戻ることになった。そのとき母のお腹のなかにいたのが濃人である。彼を出産すると母は、そのまま日本で暮らすことになった。濃人が成長して広陵を卒業する頃になると、父は彼をハワイに呼び寄せることにした。

ところがハワイへ行ってはみたものの、ことばの壁や暑い気候があわず、濃人は日本の学校に行くと理由をつけて広島に戻って来てしまったのだった。だが実際にはどこにも入学することなく結局、広陵の先輩からの誘いで広島専売局に就職することになった。これがばれたら、父から再び呼び戻されるかもしれない。その前に日本で一人前になっておかなければ。

そんなときに職業野球入りの話がきた。待ってましたとばかりに入団の意思を示したのは当然である。山口の方も本人の気がかわらぬうちにと、そそくさと契約書を用意するとなんなく入団のはこびとなった。これでなんとか秋田での失敗を挽回できたようだ。

次に山口が訪れた先は白石の自宅だった。彼もまた母ひとりの家庭であった。母は和服の仕立ての仕事で生計をたて、白石をここまで育ててきた。山口は赤根谷のときと同じように、職業野球へ入団すれば経済的な保障が得られると丁寧に話をしてみせた。

しかし、母の反応はいまひとつであった。白石は四年生として在学しているため、親としてはなんとしてでも卒業させてあげたい。本人のためにもあと一年、五年生になるまで待ってほしいと訴えた。

学生時代の雄弁部では、ただ自分の主張を訴えていればよかったが、交渉となるとそうはいかない。相手の声を聞くことが大切だ。ここは焦らず、じっくりと交渉することにしよう。気をとりなおした山口は家をあとにすると、その足で広陵の練習を見に行った。なかなかの素質だ。打撃練習をしている白石の姿を見ながら、その力に改めてほれ込んだ。

その頃、阪神電鉄の中川は、同じく広陵の内野手の岡田宗芳と交渉していた。彼は小柄ながら強肩で中等学校生のなかでは抜きん出た存在だった。今年の春の甲子園の大会でも遊撃手として優秀選手賞を受賞している。高く評価した中川は、門前より二〇円高い月給一二〇円を提示した。すでに広陵からは同窓の門前が入団している。岡田にとっては、どこか安心するものがあったのだろう。条件に満足した岡田は契約を了承したのだった。

ちょうどそこへやって来たのが巨人軍の市岡だった。彼もまた岡田の獲得を画策していた。巨人軍は国内での巡業中に、内野手の苅田が猩紅熱《しょうこうねつ》にかかり療養していたために、その穴埋めとして考えていたのであった。しかしいま一歩間に合わず、阪神電鉄と契約をしたあとだった。

選手の獲得は巨人軍が独占だと思っていたが、想像以上に他のチームの活動が盛んなようだ。うかうかしてはおれん。思案した市岡は、同じ広陵の選手を獲得することに方向を転換した。目をつけたのは、金鯱軍の山口が声をかけていた白石だった。

野球部の後援会長を通じて白石に会った市岡は、読売新聞社が経営する球団であることや前年の米国遠征について話して聞かせた。そして再び米国に行くので、ぜひとも参加してほしいと訴えた。

米国で野球ができるというのか。夢のような話である。しかも早稲田大学の監督だった市岡が、わざわざ自分のために誘いに来てくれた。白石はすっかり魅せられてしまった。大学にも憧れていたが、早く稼げるようにと、ちょうど広島専売局への就職を考えていたところだった。巨人軍に入団すれば米国へ行けて金までもらえる。白石は決心した。

　母は金鯱軍の山口のときと同じように五年生として卒業してからの職業野球入りを望んだが、もう本人の意志は固い。後援会会長のすすめもあり、息子の入団に同意するしかなかった。

　巨人軍から出された契約の条件は、門前や岡田よりも高い月給一三〇円で、しかも三〇〇円の支度金まであった。

「野球がこげな大金になると……」

　驚く母の姿を見て白石は、これで楽にさせてあげられると安堵した。

廣島縣下中學に職業野球の脅威

藤村選手等大倶入り決定

中學當局防止運動

【廣島電話】職業野球團續出の波に乗つて各野球團では野球王國廣島縣の各中等學校選手に眼を着け怪腕投手と謳はれた藤村呉港中學投手、門前廣陵中學捕手が明年卒業と共に大阪倶樂部に參加することに決定した外白石廣陵中學一壘手が四年在學中に拘らず東京巨人軍の招聘に應ずることになつたので これ等各中等學校では非常に迷惑を感じ又種々弊害もあるので今回呉港、廣陵、廣商の三校では協議の結果縣學務部の諒解を求めた上で近く在學中に職業野球團に參加契約をなすことを嚴禁する旨の共同聲明を發し各地方職業野球團にも通牒することになつた

広島の中等学校が職業野球の脅威にさらされた（東京朝日新聞、昭和10年12月24日、国立国会図書館所蔵）

　またしても職業野球団の仕業か！　白石までさらわれてしまうとは。どうやら、この地は職業野球団の草刈り場になっているようだ。なんとかせねばならない。阪神、金鯱軍、巨人軍に

よる三つ巴の様相で、六大学と連携して学生を送り出して来た広島の中等学校は危機感を募らせた。呉港の藤村は法政大学に、広陵の門前は慶應義塾大学に進学するはずだったが、意に反して次々と職業野球団入りしてしまい、とどまるところがない。

脅威を感じた呉港、広陵、広島商業の三校は急いで協議を行うと、ついに、「在学中に職業野球団に参加契約をなすことを厳禁」という共同声明を発表したのだった。

こうした動きが全国に広がると厄介なことになる。ここは、ほとぼりがさめるまでは静かにしておこう。職業野球団の交渉人たちが次の土地へと旅立つなか、なにも知らない山口が再び白石の自宅を訪れた。

そこで彼は、巨人軍と契約したことを伝えられ唖然とした。あれほど卒業するまで待ってほしいと母親は訴えていたのに。そもそも選手層が厚く充実しているはずの巨人軍が、資金にものをいわせて獲得に乗り出してくるとはどういうことか。甚だ疑問である。なによりも地元である広島で満足できるような仕事ができなかったことが一番悔しい。

この日も山口は日誌に記した。

「突如巨人軍に入社契約を締結したるとか。遺憾にたえず」

彼は寂しく故郷を去った。

## 洋家具売場の店員

百貨店の洋家具売場で接客をしていた村上実は、専務からの突然の呼び出しにびっくりした。なにか失敗をしでかしてしまったのだろうか。阪急電鉄に入社して四年目の駆け出しにとって、本社の役員といえば雲のうえの存在である。そう考えるのも不思議ではない。ロイドメガネをかけた村上が、おずおずと役員室に入ると、待ち構えていたのは専務の佐藤博夫である。その口から出たことばは、想像もしないような話だった。

「うちの会社も職業野球のチームを作ることになったんだ。ご苦労だが、君、ひとつそれをやってくれないか」

ハァ、職業野球？　驚くのも無理はない。いまさっきまで売場で客の相手をしていたというのに、職業野球とはいったいどういうことであろうか。いまひとつ要領が呑み込めない村上をみて、専務は一通の電報を村上に手渡した。

—ソッコク　ショクギョウヤキュウダンヲツクリ　ニシノミヤキタグチニキュウジョウヲケンセツセヨ—

そのうえで専務は具体的な指示を出した。

「小林会長のご帰国は来年二月の予定だが、それまでになんとか選手の目鼻をつけて欲しい」

正力は職業野球リーグを創設するにあたって阪神電鉄と阪急電鉄に声をかけていた。とうに阪神は事務所も開き選手集めをしている。一方、阪急はというと、会長の小林一三が海外視察で不在にしていたこともあって動きが停滞していた。

過去に小林は日本初の職業野球団ともいえる宝塚運動協会を運営していた。つい最近も雑誌で鉄道会社によるリーグ構想を発表しているはずだ。はたして、このままでよいのか。小林と交友があった大阪毎日新聞社の奥村信太郎専務が心配すると、阪神が年内に球団を結成することをただちに知らせた。

視察先で一報を受け取った小林は慌てた。構想を実現するために球団の設立はもとより、西宮に土地を買取り球場建設まで計画していたが、もしやそれが阪神に漏れたのではあるまいか。そうであれば一刻も早くと専務の佐藤に指示したのであった。その実務者として白羽の矢が立ったのが村上だった。彼は入社する前に慶應義塾大学野球部のマネージャーをしていたから、それを知っての人選である。

村上にとっては複雑であったろう。なにせ堅実な仕事を望んで鉄道会社に入社したはずなのに、よりによって職業野球という水商売に手を染めるなど思ってもみなかったからである。そうはいっても会長の命令とあってはやるしかない。

阪神に負けないチームをつくるとしたら?! 当然ながら、まっ先に頭に浮かんだのは大学時代の旧友たちである。まさに村上が所属していた頃の慶應は神宮球場を熱狂させた全盛期といえた。その中心には宮武と山下がいた。

宮武は六大学で三八勝をあげた剛腕投手である。彼は打者としても、いまだかつて誰も記録したことのない七本もの本塁打を飛ばしているから、なんともすごい。法政大学の若林から放った一五〇メートルもの場外本塁打は神宮開場以来の飛距離で、いまも語り草になっている。

村上が勤めていた阪急百貨店〔上〕と売場〔下〕（山際康之所蔵）

　山下も負けてはいない。宮武に次ぐ六本の本塁打を記録して、首位打者を獲得している。途方もない記録と度肝を抜くプレーを披露する両雄は、六大学のなかでは別格ともいえるスターであった。

特に宮武は、なにかと話題が多い。東京臨海野球場の騒動の際には職業野球選手認定一号として世間の注目するところとなった。興行をするからにはチームに人気者が必要である。まずは宮武からだ。

村上は上京すると東京会館で同窓の宮武と久しぶりの対面をした。村上は小林の意思により阪急電鉄が職業野球団の発足に乗り出すことを話して宮武を口説いた。

しかし宮武は、衆議院議員の駒井と鶴見が立ち上げた日本野球協会に入団することが決まっているのだという。手遅れだったか。いや待て。会長からの命によるチームづくりである。ここで諦めるわけにはいかない。なにか方策はないのか。

村上は契約内容について、もう一度くわしく聞いてみることにした。すると宮武は意外なことを口にした。それは協会との契約書には署名はしたが、まだ捺印まではしていないのだという。

実はこれには訳があった。まさに宮武と会談している東京会館で華々しく設立披露会を催した駒井らだが、資金が思うように集まっていなかった。契約するはずの本体の組織があいまいな状況だから手続きがすすまないのも当然である。

にもかかわらずチームは慶應義塾大学出身者で編成が先行し、監督の永井武雄を中心に大連から戻って来た山下実、水谷則一に加え堀定一、伊藤勝三、そして宮武といった豪華な顔ぶれがそろっていた。八万人を収容するという球場の建設は、いまだ完成が見えないなか、選手たちは体がなまると大宮の球場で練習まではじめていた。ところが待てど暮らせど、その先がすすまない。宮武も思わずグチをこぼしたくもなる。

　この機会を逃すものか！　話を聞いた村上は突破口を見つけると一気にまくしたてた。たとえ署名をしていても捺印をしていなければ契約書は無効だ。それに、このまま待っていても見込みはない。ぜひとも契約してほしい。

　宮武は契約書に効力がないことを悟ると阪急電鉄への興味を大いに示した。そして日本野球協会に対して契約を白紙に戻すことを約束した。宮武が話をつけている間に、村上もまた宮武の後援会らと会いながら了承を得て外堀を埋めていった。

　入団への障壁が取りのぞかれていくと交渉は契約金へと移っていった。これまでに宮武は、東京臨海野球場など数々の契約の経験をしている。彼なりの相場があるに違いない。

　案の定、宮武は日本野球協会との契約は五年間で一万八〇〇〇円だったとして、とてつもない金額を持ち出してきた。村上は法外な要求に目をまるくした。なにせ、いまの百貨店の月給は六四円である。一つ年下の後輩からの求めに、いささか割り切れない気持ちだが、まずは宮武との契約が優先である。

一括先払いは無理にしても、彼に見合った月給ならば納得するだろう。村上はソロバンをはじいた。五年間で一万八〇〇〇円だとすれば、月に換算すると三〇〇円だな。忘れてはならないのは、彼の自尊心を傷つけることのないような条件である。百貨店でご婦人方を相手にする接客とは訳が違うと思っていたが、相手の心理を読みながら、計算どおりに事をすすめる点では同じだ。よし、これなら大丈夫だろう。

村上は契約に臨むと、支度金三〇〇〇円、月給五〇〇円を提示してみせた。金額を見た宮武は、どうやら満足したようで、彼にとっては東京臨海野球場に次いで二つめとなる職業野球団との契約書に捺印したのだった。

会長の命にこたえることができ、村上は嬉しさが込みあげてきた。この仕事に全力で取り組んでみよう。村上は決意した。

## ベーブと呼ばれた男

新愛知新聞社の田中は、球団の話を持ち掛けられて有頂天になっていたが、抜け目のない正力は競争相手の名古屋新聞社にも同じように声をかけていたのを知った。釈然としないものを感じたのであろう。正力への対抗心を燃やした田中は、読売とは別のリーグをつくろうと自ら立ちあがったのである。彼の構想は、新聞社、鉄道会社といった企業を中心にした正力の考えとは異なり、北海道、新潟、東京、名古屋からなる地域を拠点にするものであった。だが、いざ準備をすすめてみたものの資金も人脈もない。しかも北海道、新潟といった寒冷地での興行は期間が限られ、球場の整備も必要になる。次々に現実の壁が立ちふさがると、たちまち計画は手詰まり状態に陥ってしまった。

お手並み拝見とばかりに静観していた正力だが、その様子をみるや田中に対して合流するようにと手を差しのべたのであった。腹の底では職業野球リーグが乱立すれば共倒れになってしまうという思惑があったであろう。観念した田中は、出来上がっていた東京と名古屋を引き連れてリーグへの参加に応じた。チーム名は、それぞれ名古屋軍、大東京軍と呼ぶことになった。

兄弟チームのひとつ大東京軍の陣頭指揮にあたったのは、以前、国民新聞社で社会部長をしていた鈴木龍二である。彼が目をつけたのは、日本野球協会で監督が予定されていた永井と一緒に練習をしていた水谷、堀、伊藤である。永井も宮武と同様に、しびれを切らしていただけに、大東京軍からの話は渡りに舟であった。時を移さず契約に合意した。

球団の準備が遅れていただけに、日本野球協会にいた選手をすべて入団させてしまえば手っ取り早い。こうなると次は、宮武、山下といった大物である。とはいうものの鈴木は、昔の上司だった田中にいわれるままに球団の仕事を引き受けたのだが、野球のヤの字も知らない。ここは永井に仲介してもらうしかない。

依頼を受けた監督の永井は自信ありげである。なにせ山下は、第一神港商業から慶應義塾大学へと自分の後を追うようについてきた後輩である。日本野球協会へ入団するため大連の満洲倶楽部にいた彼を口説いたのも自分だ。契約がいっこうにすすまない状況のなか、ありがたいに違いない。

とはいえ、彼は世間から本塁打王ルースをもじってベーブ山下と呼ばれるほどの怪物である。交渉するにあたっては、それなりの軍資金が必要だ。永井は鈴木に頼み込み二〇〇円を受け取ると、後輩のいる関西へと向かった。

永井は酒をこよなく愛す。友人のサトウ・ハチローとの会席でビールをジョッキ五〇杯も空けたほどの酒豪だから、山下との交渉もまずは一杯からであった。肝心の契約金のことについては、いつまでたっても話が出てこないが、飲めや歌えの宴に、山下もまんざらでもないようだ。気がつけば鈴木からもらった大金は酒で底をついていた。呑気な永井はあせりもしない。東京に戻ればなんとかなるさと、山下を連れて上京すると球団の合宿所に落ち着いたのだった。

山下とも契約できるかもしれない。村上が契約を済ませた宮武から耳寄りな情報を聞いたのは、それからすぐのことだった。宮武は日本野球協会で行動をともにしていた選手たちと情報交換していたようである。話によると山下は、永井に囲われているらしいが、どうやら正式な契約はまだのようであった。

絶好の機会だ！　早速、村上は行動を開始した。密かに合宿所から山下を呼び出し事情を聞いてみた。すると彼は、練習はしているが一銭の給料ももらっていないという。小遣いもままならないようだ。

村上は山下のことばを聞き逃さなかった。宮武のときと同じように契約の矛盾をついた。

「合宿入りして練習している以上、当然、報酬が支払われなければおかしい。それなのに給料は一銭も出ていない。そんな大東京球団に拘束力はないはずだ」

村上の説得力のあることばに山下はハッとした。いまだ。すかさず村上は支度金一〇〇〇円、月給三〇〇円の条件を提示してみせた。

一瞬、ここまで世話になった先輩の顔が頭をよぎったかもしれないが、それ以上に出された金額は実に魅力的だった。阪急といえば名の知られた鉄道会社である。給料が未払いになることなど、もうあるまい。このままゴロゴロしていてもしょうがない、お世話になろう。そう決心すると山下は契約書に判を押したのだった。

事態を知って鈴木は激怒したが、もう遅い。大東京軍が油断している間に、村上はまんまとベーブの獲得に成功したのだった。

引退したベーブ・ルース（ベースボール2巻9号、昭和6年9月1日、山際康之所蔵）

ベーブといえば、本家のベーブ・ルースの方は、先日、大リーグを引退したばかりであった。ヤンキースからボストン・ブレーブスに移ったばかりのルースが辞めることになり、さまざまな臆測が流れてきたが、日本人にとっては、なんといっても日米野球での姿が目に浮かぶ。外交官さながらの国際交流で日本にはファンが多い。

赤ん坊を意味するベーブという名は、この世界に入った頃に、世間知らずで無邪気なふるまいを見た同僚がつけたものである。投手としてボストン・レッドソックスへ入団した彼は、ニューヨーク・ヤンキースへ移籍すると打者に専念するようになり、年間六〇本の本塁打を記録した。二二年間の生涯本塁打は七一四本にも達している。

長年の活躍のなかでルースは、予告本塁打や、大統領よりも高給だったという話から、病気の少年のために本塁打を約束したなどという数多くの逸話を残してきた。米国の顔となった大打者の最も大きな功績は、なんといってもベースボールの社会的な地位をひきあげたことだろう。

豪快な本塁打、そして愛嬌のあるしぐさ。もうあの姿をグラウンドで見ることができないのか。誰しもが彼との別れを惜しんだ。そうした米国世論の声にこたえるように、ある男がルースの復活を模索しはじめた。

## 最大のライバル

これで堂々と選手との交渉ができる。昭和一〇年一二月一〇日、阪神電鉄の球団が正式に旗揚げした。事務所の入口には株式会社大阪野球倶楽部という看板がたてられた。

会長は放送局など企業の要職にいた松方正雄が就任した。社長制はとらずに球団の実務的な責任者として冨樫が専務となり、田中は常務に就くことになった。選手の交渉役として力を発揮してきた中川はマネージャーという肩書である。

會頭と衝突して
ルース引退
"マネキンは嫌だ"
【ボストン本社特電】

六月四日替り
ムーラン・ルージュ
新宿座

ルースの引退は日本にも伝えられた（読売新聞、昭和10年6月4日、国立国会図書館所蔵）

会社を設立したもののかたちばかりで、ここまで契約したのは監督を引き受けた森と、わずか八名の選手だった。これでは試合もできない。松木を除いては中等学校生で、とりわけ投手は八尾中学の菊矢吉男だけだから、なんとも心細い。ここは宮武にひけをとらない六大学の大物がほしいところだ。田中らが狙いを定めたのは若林忠志だった。

　彼はハワイ生まれの二世で、スタクトンという邦人を中心にしたチームの一員として来日したのち、法政大学へ入学してきた。どこか日本人ばなれのしたふるまいは、試合にも表れ六大学の選手たちを翻弄すると、あれよあれよと法政大学を初優勝に導いていったのだった。その投球術は本格的で、大学時代の通算四三勝の成績をみてもわかる。卒業後はコロムビアへ入社して都市対抗野球大会にも出場していた。この年の大会では決勝まですすみ東京倶楽部の宮武と対戦している。惜しくも敗れはしたが、どの球団も放っておくはずがない。

　現に若林のもとには巨人軍の市岡らが訪れていたが、あまりの安い金額の提示に誘いを断っていた。彼はコロムビアから破格の月給一五〇円を受け取っていたから、ちょっとやそっとの額では満足しない。それに米国育ちの彼はプロの野球を見てきただけに、実力に伴う給料が支給されなければ納得しない。

　宮武の契約金額を聞きつけた田中は、若林に会うと同額の月給五〇〇円を提示した。監督に決まった森が二五〇円、松木が二〇〇円だから、田中にとってはかなり思い切った額である。

しかし若林から出た条件は、月給はチームのバランスもあるから二〇〇円でよいが、支度金として一万円もらいたいというものだった。

一万円?!　長屋だったら一〇軒建ってもお釣りがくるだろう。さすがの田中も即答はできない。やむをえず本社に掛け合うことにして帰阪した。

村上がやって来たのは、それから一週間ほどたってからである。大物を獲得し、だいぶコツがつかめてきていた。この調子ならいけそうだ。

若林に対面した村上は、職業野球団の発足は会長小林による長年の悲願であることを説明して入団することを請うた。若林自身もコロムビアに出社したところで野球が主な仕事で、どうせするなら実業団より、プロとして一人前になって一家の生活を支えたいと思っていたから望むところである。

そうとわかれば、あとは具体的な条件だけである。村上は野球がやれなくなったら阪急電鉄か百貨店で面倒をみると口にしたが、若林は将来の保証はいらないと述べた。

それよりいまの自分への価値が大切だ。米国式の合理的な考えから出てきた若林からの提示は、三年契約で支度金一万円、月給は宮武の半額でよいというものだった。阪神電鉄との交渉では示さなかった複数年の条件が追加されている。

宮武とのやり取りで少しは慣れてきたものの、この額にはさすがの村上も仰天した。桁が

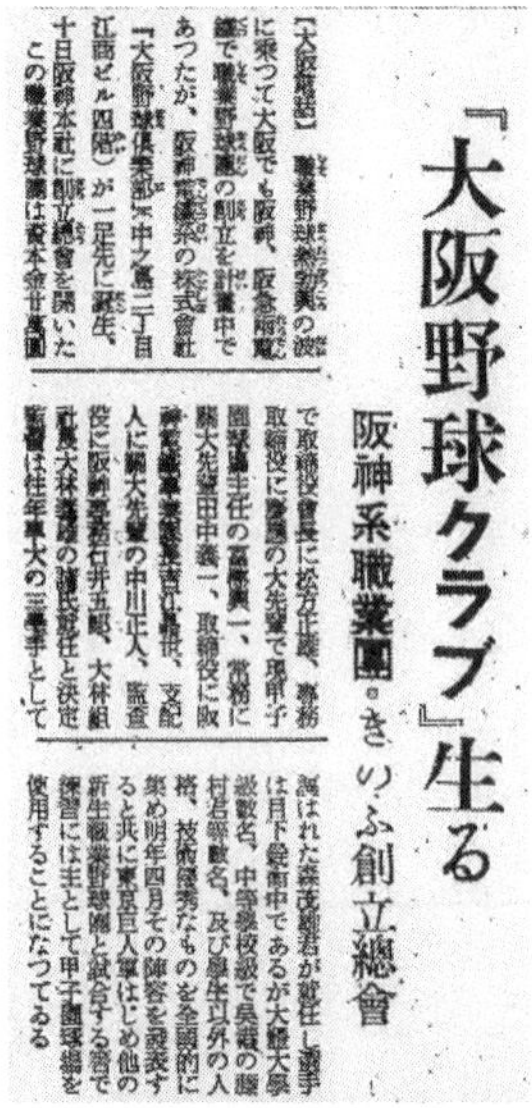
『大阪野球クラブ』生る
阪神系職業團・きのふ創立總會

正式にお披露目になった阪神電鉄の球団（読売新聞、昭和10年12月11日、国立国会図書館所蔵）

違う。それに年末に一万円もの大金を用意することなどできるだろうか。とても一存では決められない。やはり帰阪すると本社に決裁をあおいだ。

本当に、そんな価値があるのか？ もし肩を痛めたら支度金はどうなるのか！ 田中も村上も本社での説得には困難を要した。誰しも危険はおかしたくない。

その一方で交渉の競争相手が同じ関西の鉄道会社だと知ると、そこは意地がある。先を越されたらどうする。笑い者になるぞ！ 一転、こうなるともう金の話どころではない。いかに仇敵《きゅうてき》に勝つかである。

先に勝負に出たのは阪神電鉄だった。一万円の支出を決断すると、電鉄の事業課長で球団取締役をしている吉江昌世が上京して若林と最終の交渉に入った。球団総出の大仕事である。吉江は若林に会って契約条件の確認をとると、ただちに一万円手配するように本社に連絡した。腕まくりして待っていた球団の経理が野村銀行堂島支店で電報為替による手続きを済ませると、吉江はすぐさま銀行を訪れた。一刻も早く阪急よりも先に契約したい。時間との勝負である。

　ところが、慌てて一万円の受け取りを求める吉江を見て怪しんだのが銀行である。暮も迫った一二月二六日に、こんな大金をどうするつもりなのか。どうも男は落ち着かない様子だ。身分がわかるまでは金を渡すわけにはいかない。仕方なく吉江は、「阪神電鉄　事業課長」と書かれた名刺を見せたが埒が明かない。

　業を煮やした吉江は、再び本社に電報を入れて金を受け取れるように催促した。連絡を受け取った球団の経理担当は野村銀行まで出かけていくと、東京の銀行に電話を入れてもらった。ようやく身分の証明ができた吉江は一万円を手にすると、若林のもとへ急行した。そして、月給二五〇円の三年分と支度金の一〇〇〇円をあわせた都合一万円の現金をわたすと、めでたく契約を完了したのだった。

若林投手、職業團へ
「大阪タイガース」に入る
強打者拳闘戦

タイガースへ入団した若林（読売新聞、昭和11年1年月11日、国立国会図書館所蔵）

　契約を終えた若林は、読売新聞との談話で、「身についたボール生活で今後を処していくのが一番よいと考え、先輩知人にも相談して決定した」と満足そうにして、「入ったからには大いに昔の腕前をふるって活躍したい決心です」と抱負を語った。

よりによって阪神に先を越されてしまうとは。阪急は要の小林がいまだ不在のため即座に結論が出せないでいた。職業野球を夢みていた会長がいたなら承認していたに違いない。村上は天を仰いだ。

## やって来た少年

「職業野球は果たして儲かるか」、「日本職業団儲けばなし」、「職業野球の是非」

各球団が動きだし職業野球リーグの準備が本格化してくると、街中で売られている雑誌の見出しが目に入るようになってきた。野球を商売にすることへの批判や偏見で、どれをとっても評判は芳しいものではない。

世間からの冷たい視線に交渉人たちは頭をかかえた。ただでさえ競争相手の六大学は圧倒的な人気を誇っている。そのうえ、もし東京でオリンピックが開催されるとなると、ますます交渉が難しくなってくるだろう。どうやら選手を獲得するための工夫が求められそうだ。そうした心配をよそに、新しい方法を模索した球団があった。

早稲田大学の野球部の総務や芝浦協会の設立といった数々の実績を持つ河野安通志《あつし》は、新愛知新聞社の田中に見込まれ名古屋軍の総監督になっていた。米国での留学経験のある田中の影響もあってか、チームづくりは米国から選手を獲得することを方針として準備をすすめていた。すでに巨人軍の惣太郎の協力を得て、投手と捕手のバッテリーを呼ぶ手はずになっている。

河野の頭のなかには、もうひとつ大きな考えがあった。それは、未完成な若者たちを見習いとして採用して育成することである。阪急の小林は職業野球団の創設にあたって、「一般から募集して養成すれば立派な選手が出来ると主張する人もあるけど、現在のところでは私はそうは思わない」として、甲子園に出場する中等学校生や六大学などで活躍している即戦力を求めていたから河野とは正反対である。

河野は、「新愛知新聞社の名誉に関する様なことをやってまでも選手を勧誘したくない」として、他球団がすすめている無茶な獲得に警鐘をならしていた。むしろ、やる気のある若者を募り、一人前に育てることが大切だとして、仮に選手を辞めても新聞社の社員として雇用する人づくりを基本としていた。

河野の考えは、採用試験というかたちで新愛知新聞の系列の国民新聞で公表された。「職業野球選手募集」という見出しの横に書かれていた資格の覧には、「学歴の如何を問はず野球に経験ある人」と記されていた。試験会場は名古屋の鳴海球場と東京は芝にある朝日グランドで、それぞれ実施される。どこの球団もしていない新しい試みである。

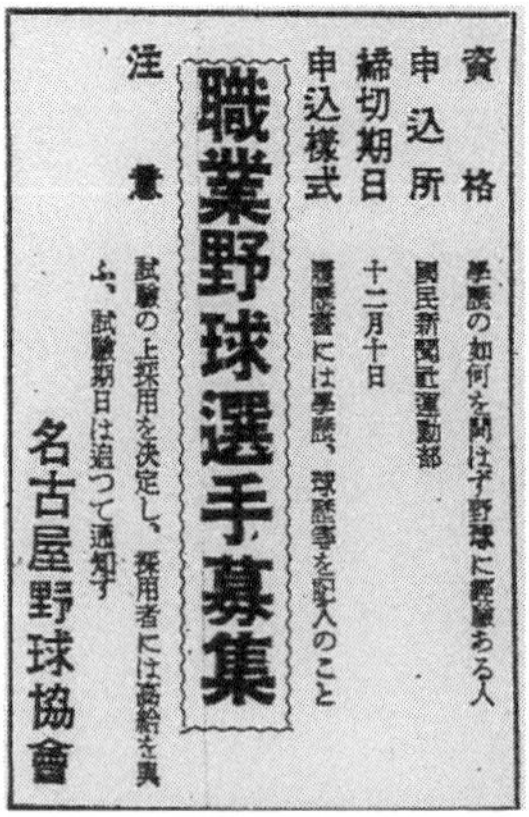

職業野球選手募集の広告（国民新聞、昭和10年12月9日、国立国会図書館所蔵）

名古屋では、募集欄を見た多くの若者が夢を膨らませ、近県はもとより神奈川や兵庫から一〇二名もの申し込みがあった。受験者は中等学校、大学で活躍する者のほかに少年野球や軟式の経験者たちである。

職業野球の前途は明るいぞ。河野は集まった若者たちを見て目をほそめた。鳴海球場での試験は、まず第一次としてキャッチボール、守備といった基礎について実施した。さらに当日、集まった六〇名ほどのなかから一七名を選び出して、第二次のフリーバッティング、走塁、バッテリー練習といった試験をすすめた。

最終選考の結果、正式に採用されたのは選手六名と見習い一二名であった。卓越した技能の持ち主はいないが、鍛錬すれば開花する素質は充分にある。

なかでも河野が注目したのは、弱冠一四歳の西沢道夫である。実は河野と、道夫が所属する少年野球チームの監督、そして父の忠造とは顔見知りの仲だった。河野は道夫の素質を見抜くと、採用試験を受けるようにすすめたのであった。いつかチームを支える存在になれば。河野は少年の未来を夢みた。

## 友情の脱出

昭和一一年の年が明けると、立教大学野球部の合宿所には冬休みを終えた学生たちが続々と戻って来た。誰もが今年こそは優勝だと誓うところだが、坪内道則は同室の景浦将《まさる》から、とんでもない話を聞いた。

「ウチの商売がうまくいかなくなった。まとまった金がいるので、タイガースへ入ることにした」

えッ。いつも冗談ばかりをいう男だが、その顔は真剣そのものである。

景浦の職業野球入りは、阪神電鉄の監督になった森からの誘いであった。選手獲得がままならない状況で、松山商業出身の森は後輩たちに声をかけていた。この夏の甲子園で自ら指揮して優勝を制したチームには、伊賀上良平、筒井修といった粒ぞろいの選手がいる。そして卒業生には立教大学に入った景浦がいた。松山商業は、学生の進路について一切干渉せず各人の自由意志に任せるとして、職業野球入りを容認し

東京で実施された採用試験（新愛知、昭和10年12年月27日、国立国会図書館所蔵）

ていた。こちらの方は獲得が容易だとふんだ森は、まずは景浦から会うことにしたのだった。

いざ顔をあわせてみたものの景浦は在学生である。強引に誘うことはできない。森は職業野球入りの話はせずに阪神電鉄の監督になったことを語りはじめた。球団は、株式会社として正式に法人化され、つい最近、大阪タイガースというチーム名を電鉄社員の投票によって決めたばかりであった。

立教大学野球部の景浦〔最前列右4番目〕と坪内〔5番目〕（立教大学野球部史、昭和10年度、昭和11年9月15日、山際康之所蔵）

話を聞いた景浦は心中を察したようで、躊躇なく自分の気持ちをことばにした。

「森さんが監督なら喜んでタイガースにいきたい」

松山商業の先輩である森の人柄を慕っていたからにほかならない。それに、いま家には金を必要としているのも事実である。唯一の心配は父の考えだった。そこで、森は松山にある景浦の実家を訪ねることにした。

息子さんをぜひタイガースへとしゃべりはじめてはみたものの、面談した父はどこか機嫌が悪い。よくよく聞けば、材木屋の家業は破綻寸前の状況で、それを見越して金でつろうとしたのではないかと勘違いしていたのであった。たしかに森も、訪れたものの本業の木材が見当たらないことに気がついていた。しかし後輩の行末を金で決着をつけようなどという気は毛頭ない。誤解が解けると父は、息子のことは一切お任せしますと頭をさげた。そこで森は、月給の一部について五年分の金額を父に先渡しすることで同意を得たのだった。

　その後、冨樫とかわした契約書には、年俸一六八〇円、すなわち月給一四〇円、先渡しを示す割増前払給料三九〇〇円が記されていた。これで準備はすべて完了した。あとは大学を抜け出すだけだ。

影浦、立教を退學
タイガースへ
松木、御園生、北井も入る

春のシーズンに備へて目下チームの整備に大童の大阪タイガース軍ではさきに若林、藤村の兩投手を加へて斯界の注目を惹いたが今回さらに大連實業團から松木一塁手を迎へて主將としまた立教野球部から強打、強肩の影浦選手を、關大野球部から御園生、北井兩投手を引き抜いて投手、打撃陣に愈よ充實を加へるに至つた影浦投手は現在豫科三年で、御園生投手も在學中である

立教大学を中退して入団した景浦（読売新聞、昭和11年2年月21日、国立国会図書館所蔵）

　景浦からの突然の話に坪内は驚くばかりであった。なにせ彼は入学するや、いきなり力を発揮して立教大学を優勝に導いた立役者である。主力投手として投げ、合間には打者として三、四番を任されていた。世間では宮武、山下の再来だとまでいわれている。そのうえ彼は、学費とあわせて合宿費の免除という破格の待遇も受けていたから、ここで中退するとなればただではすまない。

　坪内の心配をよそに、景浦の意志は固い。

迷惑がかかることは承知のことだろうが、彼は父の家業を助けたかったのである。

景浦は、「みんなに黙っていてくれ」と頼んだ。親友からの切実な求めに坪内はうなずくしかなかった。彼は学生服を着たまま合宿所から出ると、そのまま姿を消したのだった。まもなくしてのことである。坪内のところへ景浦から兵庫県鳴尾と書かれた新しい住所の知らせがあった。無事にたどり着いたことを知った坪内は新天地での活躍を祈りながら部屋に残した荷物を、合宿所のみんなにわからないように、そっと送ったのであった。

## 女房に泣かれて

選手たちが集まり、ようやくかたちがととのってきたタイガースであるが、またもや難題にぶつかった。こんどは、享栄商業の瀧野通則が入団を断ってきたのである。監督になるはずだった谷沢に逃げられたのは記憶に新しい。どうもゴタゴタが多い球団なようだ。

それにしても契約までかわしたはずなのに、いまさら破棄とは、なにごとであろうか。どうやら明治や法政からの勧誘攻勢で、本人の気持ちがぐらついたようである。まるで景浦のタイガース入りへの報復かのように六大学が奪還を仕掛けてきた。

これにはさすがに参った。タイガースにとっては、内野手として予定していただけに痛手である。あきらかな契約違反だから法的な処置をすすめる必要があるが、解決まで少し時間がかかりそうだ。とりあえず穴埋めを探さなければならない。

チームのためにと買って出たのは入団したばかりの松木だった。とはいえ頭に思い浮かぶのは、やはり出身校の選手ばかりである。

内野手といえば、あいつらだ。まず向かった先は明治大学の杉浦清である。彼は中京商業出身で、夏の全国中等学校優勝野球大会で三連覇をはたしたときの立役者だった。松木との出会いは、その頃である。明治大学の監督や選手たちは、毎年、中京商業を訪れており、松木も杉浦を指導していた。

そうした縁から杉浦は明治大学に入学したが、監督の岡田は新人の出場が認められている秋季リーグ戦から彼を遊撃手として抜擢して出場させた。個人としての賞の獲得や打率で上位を占めるわけでもないが、豊富な野球知識といい、勝負運といい、不思議と彼には存在感があり、チームの中心になっていった。

選手としてだけではなく、将来はタイガースの指導者になるかもしれない。希望がふくらんだ。松木が会いにいってみると、彼は鉢巻き姿で一心不乱に机に向かっていた。聞けば卒業後に弁護士になるために司法試験を目指して猛勉強の最中なのだという。彼は中京商業時代も級長を務めたといわれるほどの秀才だった。大学に入学してからも友人にノートを借りながら勉学に励んでいたからうなずける。どうみても職業野球入りを誘う雰囲気ではない。

将来有望の学生を辞めさせてまで引きずり込むのはさすがに気がひける。松木は、いつかその気になったらと、ことばをかけるとあとにした。

ならばと次に出かけた先は、東京倶楽部の真野春美である。彼は都市対抗野球大会で最優秀賞に選ばれたこともあり、前年の大会でも遊撃手として出場して若林のコロムビアと対戦して優勝に貢献している。金鯱軍の山口も追いかけていた人材である。

松木にとっては大学の一年後輩にあたるが、どこか気の知れた仲だった。昭和四年に明治大学が米国から欧州、エジプトまで足をのばした遠征では、四カ月間をともにしている。渡航中の客船のなかで催された仮装大会では、松木が托鉢僧、真野は洋装ダンサーに扮して、見事に入賞して拍手喝采となった思い出がある。

松木は真野の自宅を訪問して職業野球入りを誘うと、これまでの信頼関係からか迷うことなく入団の意思を示した。彼は関西の出身ということもあり、生活の拠点を移すことにも問題はない。実績のある真野なら球団も金額をはずむだろう。

それではと契約の条件について説明をしようとした、そのときである。突然、そばにいた真野の妻が口を開き、職業野球に誘わないでほしいと訴えはじめた。彼は新婚早々の身であった。安定した家庭を築いていこうという矢先に、よりによって野球を商売にするとは。とうとう妻は泣き出してしまったのである。これには松木も困りはてた。やれやれ、女の涙にはかなわない。松木は諦めて退散するしかなかった。

## 皇室からのお迎え

衆議院議員の駒井と鶴見によって立ち上げられた日本野球協会は結局、資金が立ち行かなくなり、西武鉄道と貴族院議員で伯爵の有馬頼寧《よりやす》らがあとを継いでセネタースというチームになっていた。

名付け親は、あのハンターによるものであった。事の起こりは、大リーグの組織を勉強しようと有馬と球団の実務的な責任者になった詫摩治利、そして監督に就任が決まった横沢三郎が、アマチュア選手たちを連れて来日していたハンターを芝の料亭に招待したときだった。まだ、名称が決まっていないことをハンターに相談すると、彼は貴族院議員である有馬にちなんで、上院議員を意味し、大リーグのチーム名にもなっていたセネタースを提案したのだった。それを聞いた有馬は気に入ったとみえ、その場で賛成した。有馬は駒井に不信感を持ちながら、嫌々球団の経営をひき受けていただけに、少しは気が晴れたかもしれない。

それにしても名前は立派だが選手はというと、日本野球協会のときに集めた慶應出身の大物たちは、蜘蛛の子を散らすように他のチームに移ってしまい、ひとっこひとりいない。

お手あげとなった監督の横沢は、ここは家族総出だと弟の四郎と七郎に声をかけた。加えて体調が優れないといっていた巨人軍の刈田が、監督の浅沼とそりがあわなくなったと退団してやって来た。喧嘩っ早いのがたまにきずだが、腕利きの加入はありがたい。とはいうものの戦力の方はまだまだである。

明治大学出身の横沢は、母校を卒業した選手たちを物色してみたが、もうどこかのチームと契約している模様で手遅れであった。どうやら、他の球団は準備が相当すすんでいるようだ。こうなったら禁じ手であるが学生を狙うしかない。思いついたのは野口明である。

野口といえば入学してまだ一年もたっていないが、明治神宮体育大会での新人の勝ち抜き戦では優勝に導くほどの好投を見せている。来年のリーグ戦では主軸の投手として活躍するのは間違いないだろう。ならばいましかない。

とはいえ、職業野球団による引き抜きが目立ち、大学は相当警戒している。ちょっとやそ

"東京セネタース" 名乗りを擧ぐ

新職業團 巨人軍の弟分

一九三六年度の野球界はまさに職業野球時代である、さきに名古屋金鯱軍の誕生を見た球界は更に東都において東京巨人軍に次ぐ東京野球協會の設立をみ、近くは阪急電鐵チームの成立あるなど一躍に職業野球時代を現出する形勢となつた 東京野球協會は去る十五日創立總會を明き十八日正式に會社の組織並びにその陣容を發表したが同協會はさきに鶴見、駒井兩氏を首班として計畫されたものを繼承したもので種々の事情から兩氏とは關係なく全然別個に設立され西武電車並びに實業界の名士をバックとして强靭な株式組織を作り上げ子爵安藤信昭氏を社長とし同子令兄有馬賴寧伯を顧問、前六大リーグ審判横澤三郎氏を監督に苅田、中村、高橋等の選手を始め中學球界の精鋭を網羅しその名も東京セネタースと名乘つて斯界にデビューするに至つた

そしてチームは來月十七日から早くも小田原小峰球場で合宿練習を開けて廻り、西武電鐵沿線上井草球場を專屬グラウンドとするが廿日明治神宮神殿でチーム結成式を行つた上來月上旬合宿練習に上り陸路九州轉戰を行ふ豫定である、因みにチームの陣容左の如し

△理事長 安藤信昭子△常務理事 佐久間國三、佐藤秀松△理事 木村小左衛門、南波榮吉、岩瀨俊晃、藤治利△監事 曾我正雄、三谷章三△相談役 有馬賴寧伯△顧問 ハンター、鍵山忠男△監督 横澤三郎(明大)△マネジャー 畔洋一、江藤△主將 大貫賢(實業協會)△投手 石原繁三

チーム名はセネタースに（読売新聞、昭和11年1月19日、国立国会図書館所蔵）

っとでは本人と会うことはできまい。それに、もしばれれば横沢自身も野球部卒業生で組織されている駿台倶楽部を除名され、二度と明治大学の門をくぐることはできないだろう。同じ明治大学出身で金鯱軍の監督になった岡田でさえ手を出さずにいる。それなりの覚悟が必要だ。

あれこれ考えた末に横沢は、またもや身内を頼った。映画会社の日活に勤めていた次兄である小林次男に相談して、野口の獲得を依頼したのだった。

弟の求めに小林は脚本ともいえる作戦をねった。観客を夢中させるような映画には、あっといわせるような筋書きがあるものだ。野球選手の勧誘も創造力が必要だな。小林が、あれこれ思案していると、偶然にも宣伝部員の男と野口は仲がいいことを聞きつけた。そこで小林は、この線を使って野口を合宿所から誘い出すことにした。合宿所から出れば、こっちのものだ。あとは本人を説得して、そのまま契約すればいい。小林が立案したのは作戦とは名ばかりの、いわば誘拐である。

決行の当日、小林は用意周到に合宿所のそばにタクシーをつけて待った。なにも知らない野口が宣伝部員の男に誘われるままに合宿所を出ようとすると、落ち着き払った格好の小林が声をかけた。どうぞこちらへ。暗示にでもかかったように、野口は案内されるままに車に乗ると、小林は、ただちに運転手に指示をして急発進させた。

大当たりだ！　景浦は夜逃げ同然だったが、野口は白昼堂々の脱出である。あまりの大胆さに誰も気がつかない。むしろ、小林の仕草といい車の手配といい、どこか上品な雰囲気を漂わせ、まるで高貴な会にでも招待されて、お迎えに来たかのように映ったかもしれない。抜群の演出効果となった。

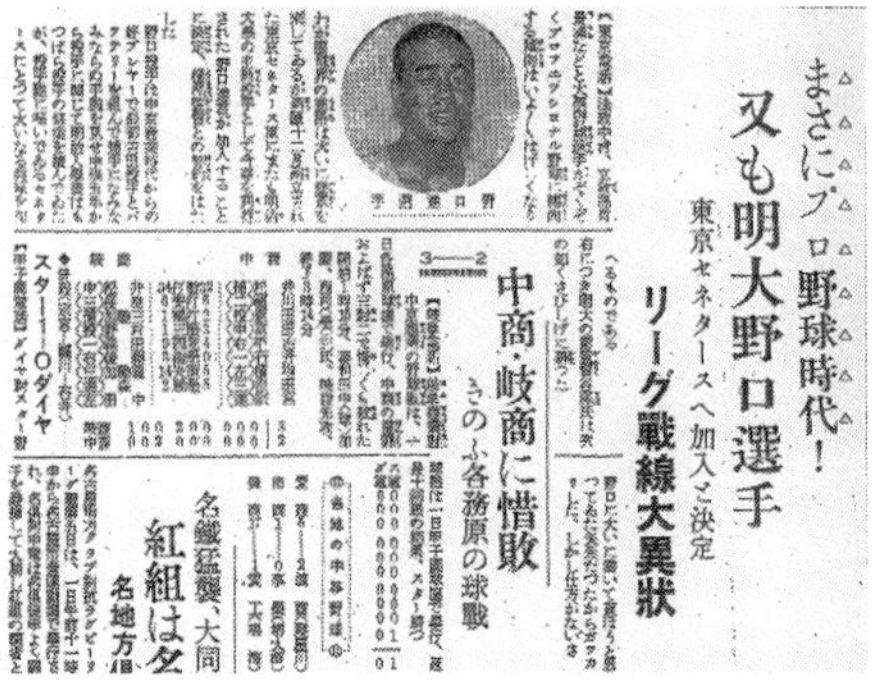
まさにプロ野球時代！
又も明大野口選手
東京セネタースへ加入に決定
リーグ戦線大異状
中商・岐商に惜敗
きのふ各務原の球戦
名鐵猛襲、大同
スター一〇ダイヤ

誘拐同然で獲得した野口（名古屋新聞、昭和11年3月2日、国立国会図書館所蔵）

　合宿所から誘い出して来た野口と対面した横沢は、立ち上がったばかりのセネタースについて丁寧に説明した。急な出来事だったが野口は大学の先輩でもある横沢を信頼したようで、兄弟が多いことや、代々持っていた土地が徐々に失われていったことなどを話しはじめた。家族を守るためには金が必要である。一生懸命に働けば、どんな仕事だって立派な職業だ。そんな思いを強く感じるようになると、野口は中退してもよいと入団の意思を示したのだった。

　早速、小林は紺屋を営む実家に出向き両親に会うと、契約について了承を得ることができた。

野口がいない！　事態を知った明治大学野球部は大騒ぎとなった。中京商業を指導するため名古屋にいた谷沢が慌てて上京して調べたが事実のようである。

職業野球という、まったく新しい世界は大きな可能性を秘めている。思えば自分も監督としてタイガースへ入団する予定だっただけに、気持ちはよくわかる。

「大いに働いてもらおうと思っていた矢先だったからガッカリした、しかし仕方ないさ」

谷沢はそういうと野口を送り出したのだった。

それからしばらくしてからのことである。有馬の家柄なのか、夫人が宮家からの降嫁だったからかわからないが、野口を乗せた車には皇室の菊の御紋章があったと、まことしやかに話が伝わるようになった。他の球団の交渉人たちをうならせた皇室からのお迎え劇は成功裡に幕を閉じた。

## ベーブ・ルースのオリンピック監督

大リーグを引退したばかりのルースは、あちらこちから声がかかりひっぱりだこだった。英国からはプロ野球チームの発足の話があり、ルースを選手兼監督として招く交渉をしていた。ロンドンでは八チームによるリーグ戦の計画がすすんでおり、実現すれば海をわたって英国の人気者になるだろう。

歐洲の野球熱

ルースを招いて英國に職業團？

日米の〝特技〟漸く世界化

英国リーグへの参加が計画されたルース（読売新聞、昭和10年12年月20日、国立国会図書館所蔵）

もうひとりルースに期待を寄せていた人物がいた。それは米国アマチュア野球協会会長のレスリー・マンだった。なんと彼は、ルースにベルリンオリンピックへ出場する野球チームの団長となることを要請したのである。すでに本人から承諾も得ている。引退後、ルースは全米の都市対抗野球大会の審判を務めたりすることもあったからアマチュアの世界とは無縁でない。

ルースの知名度は絶大で影響力ははかり知れない。偉大な男を、このままほうっておくのはあまりにももったいない。マンは、団長とあわせてオリンピックチームの監督も依頼した。日本がオリンピックへの派遣を中止したため、米国が二つのチームを編成することになったのだが、ルースはどちらか一方の指揮をとることになる。もっとも米国の顔であるルースが登場すれば、どちらのチームに関係なく観客を喜ばせるに違いない。

彼の魅力を知るマンは将来のことも見据えていた。それは国際野球連盟を組織してルースを会長に据えることであった。彼が構想する国際野球連盟は、野球をオリンピックの恒久的な競技として働きかけるための組織である。その先には野球を世界に普及させていくという大きな目標がある。現在、計画している加盟国は、米国、日本のほかに英国、フランス、オランダ、ベルギー、カナダ、メキシコ、チリ、中国の一〇カ国である。

マンはベルリン大会にあわせて、国際野球連盟設立準備のための会議を現地で予定していた。ベルリン大会の前日には、国際オリンピック委員会総会によって次の開催地が決まる。

國際野球聯盟の
"頭"に納るルース
プロの神様から一躍アマの親玉
二チーム引具、伯林でデモ
それは面白い
恒松氏語る
ニグロ・スピ
いづれも不
大事な

ベルリンオリンピックの監督としてルースが発表された（読売新聞、昭和11年3月5日、国立国会図書館所蔵）

もし東京に決定すれば、野球競技の必要性を訴える絶好の機会になる。各国のオリンピック関係者が集まるなか、ルースが国際野球連盟の会長として出席すれば、よりいっそう大きな流れになることは間違いない。

マンはもともと大リーグの選手で、シカゴ・カブスの外野手としてワールド・シリーズにも出場している。シリーズでは当時ボストン・レッドソックスの投手として活躍していたルースからも安打して打点を記録しているから少なからぬ縁がある。

大リーグ選手として実績を持ちながら、マンはアマチュアの発展に力を注いでいる。日本では職業野球と大学、実業団との間がギクシャクしているが、彼にはプロフェッショナルとアマチュアとの垣根はない。野球の普及と発展こそが願いである。東京オリンピックの開催は、日本にとってもマンにとっても大きな意味がある。あとは開催地の決定を待つのみだ。マンの野望は膨らんだ。

# 第5章

# 選択の行方

## 職業野球連盟発足

前日の正午過ぎから降り出した雪は積もり出し、深夜には膝近くまで達していた。東京市内は、電車やバスが止まる混乱で五四年ぶりの大雪である。外の寒さに反して丸の内にある日本工業倶楽部の一室は熱気を帯びていた。

昭和一一年二月五日、日本職業野球連盟の創立総会がついに開催された。冒頭、巨人軍の市岡から創立に至るまでの経緯が報告されると総会がはじまった。加盟したのは巨人軍のほかにタイガース、阪急軍、セネタース、金鯱軍、それに名古屋軍、大東京軍の七チームである。

総裁に指名された大隅信常は席上、「各チームの技術的進歩が理想どおりに行けばわれわれ近き将来において必ず米国との間に世界の争覇戦を行い得ると確信する」と力強く表明した。

市岡は感無量だった。思えば日米野球のその日に、惣太郎と職業野球を興そうと誓ってから実に四年以上もの月日がたっていた。当時は想像もできなかったが、いまでは多くのチームが参加してリーグ戦ができるまでになっている。

出席していた誰しもに感慨深いものがあるだろう。数カ月前まで選手の獲得に四苦八苦していた交渉人たちは、いまでは球団の役職につき自信に満ちていた。タイガースの中川は、すっかり仕事が板についてきた。交渉術に磨きがかかり、中等学校生や大学生を次々に集めると、どのチームよりも厚い選手層を実現した。成果にご満悦の中川は、カフェーに行っても酒は飲まずに、女給から花売りまで誰かれなく球団の名刺を配るほどである。

全国を駆け回っていた金鯱軍の山口は、監督の岡田の話を聞きながら書いた候補者たちと

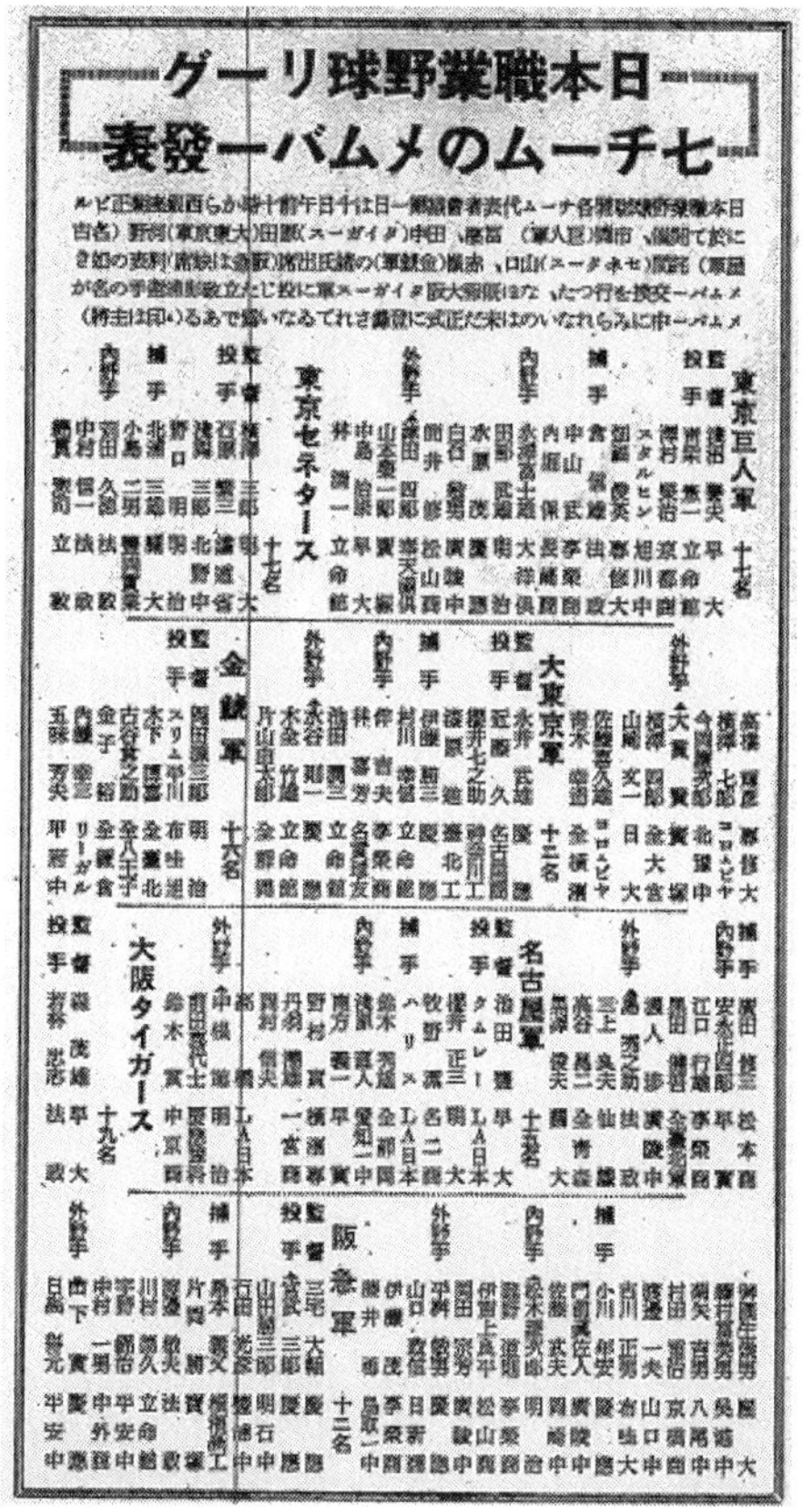
日本職業野球リーグ
七チームのメンバー發表

東京巨人軍

東京セネタース

大東京軍

金鯱軍

名古屋軍

大阪タイガース

阪急軍

入団した選手たち（読売新聞、昭和11年3年月11日、国立国会図書館所蔵）

交渉したものの、とうとう誰も獲ることはできなかった。そのかわり濃人を通じて広島専売局から広田修三と契約することに成功した。

あわせてリーガル商会という軟式野球倶楽部の凄腕だった内藤幸三も獲得した。彼は二カ月前の全国軟式野球優勝大会で、予選から大会までの八試合に投げて、一六四もの三振を奪い、しかもわずか一得点に抑えて優勝するほどの腕前である。軟式とはいえ充分に通用する力をもっている。これまでの山口の苦労がむくわれたようだ。

宮武、山下という二大スターを手に入れた阪急軍の村上は、切望した主軸投手として関西大学の北井正雄を射止めた。六大学にも引けを取らない関西大学で投げてきた彼は、複数の球団からの誘いにも振り向くことなく台湾総督府への就職を決めていた。北井が台湾に旅立つ途中に立ち寄った叔父の住む松江で、村上は最後の機会とばかりに説得を試みた。そっけない態度に、村上があきらめ帰阪につくための列車に乗り込むと車掌から緊急の知らせがはいった。

「鳥取駅へ着いたら、駅長室へお寄り下さい。松江から電話です」

北井からだ！　村上は入団を直感した。村上のことばにほだされ気持ちが変化したようで、大逆転の阪急軍入りとなった。

収穫はまだある。タイガース入りが決まっていた関西大学の西村正夫を、またもや契約を白紙に戻して入団させてしまったのだ。若林をタイガースに獲られて悔しい思いをしただけに会心の出来である。

競ってきたのは、あの男だったのか。これまで各球団の交渉人たちは、熾烈な選手の獲得競争を繰り広げてきたが直接会うことはなく、総会ではじめて相手の顔を知ることとなった。これからは職業野球の人気を高めていくための同志である。交渉人たちは、かたい握手をかわした。

## 絶縁宣言

職業野球などけしからん！　日本職業野球連盟の創立に不快感をあらわにしたのは、都市対抗野球大会の運営にあたって組織された都市対抗野球連盟である。

前年の大会で東京倶楽部が優勝した光景は、まだ目にうかぶ。六大学出身の選手をかかえ多くのファンをもつ東京倶楽部は、大会に欠かせない存在である。ところが、倶楽部の中心である宮武は阪急軍の誘いに乗り、永井、伊藤は大東京軍へ走ってしまった。

まだいる。決勝で宮武と投げ合ったコロムビアの若林はタイガースへ入団した。同じくタイガース入りした大連実業団の松木、阪急軍が獲得した満洲倶楽部の山下など数えだしたらきりがない。来年の大会からは、こうした花形選手たちを見ることはもうできない。技術の低下はもとより、観客動員数の減少が危ぶまれ、大会の運営が不安である。

都市対抗野球連盟にとっての被害は大会の運営にとどまらない。これまで巨人軍は全国を巡業しながら実業団と試合をしてきた。興行による収益は相当なものである。現に沢村とコロムビアの若林との対戦は話題を呼び、横浜公園球場に八八七八名の観客がつめかけたおかげで、巨人軍は二七一一円もの収入を得ていた。実業団を出しにして荒稼ぎするとは、なんという不届き者であろうか。

以前、宮武は東京臨海野球場に所属する職業野球選手として認定され、都市対抗野球の大会委員会は出場停止の処分を下した。このときの決定は、文部省の「野球ノ統制並施行ニ関スル件」によるものだったが、あくまでも昭和七年の大会での一時的な処置にすぎなかった。翌年の大会には東京倶楽部から投手で四番打者として復帰している。

職業野球が現実となったいま、その場しのぎのあいまいな対応では不十分である。これからは、襟を正して厳しく制限する必要があるだろうと、連盟は規約を制定して取り締りを強化することにしたのだった。

一、連盟所属チームが職業野球団と試合する際の左記規約を厳守すること
もしこれに違反するチームある時最高顧問会は該チームの都市対抗大会出場を拒絶

することあるべし
イ、都市対抗連盟所属チームは野球競技をもって生活の資を得るものにあらざれば職業野球団と試合する際はアマチュアリズムを毀損せざる範囲にて試合所要の実費のみを申受くべきこと

日本職業野球連盟の創立総会（読売新聞、昭和11年2月6日、国立国会図書館所蔵）

ロ、都市対抗連盟所属チームは職業野球団と定期的試合をなさざること
ハ、都市対抗連盟所属チームが職業野球団と試合する際はあらかじめ場所、期日、試合に関する諸条件、後援または主催者等を明記して都市対抗野球大会最高顧問会の承認を得ること
但し試合の場所はそのチームの所在地、もしくはその付近たるべきことを要す
ホ、以上の手続きを経て試合する場合において自他の宣伝をなさざること

六大学を統轄する東京大学野球連盟も、前年末より抬頭

職業團と連繫斷絶
五大學提案に善處
昨夜の六大學役員會で決定

別項の東京大學野球聯盟では同日夜更に理事、評議員合同會議を開き、最近勃興しつゝある職業野球團の役員、顧問等の聯盟との兼務に就き種々協議せる結果次の如き内規を設け職業野球團との聯携を全然斷つことに決定した

一、職業野球團に關係を有し又は有したる者は當聯盟の役員たることを得ず、但し本年三月三十一日以前に於てこれに關係せるも當期日までにその關係を斷ちたる者はこの適用を受けず

なほ既報の如き東京五大學野球聯盟よりの提案に對しては六大學聯盟實務委員會（主將並にマネージヤー）に於て審査せる後更に理事會で最後的態度を決定する方針

職業野球と絶縁した六大学（東京朝日新聞、昭和11年3月18日、国立国会図書館所蔵）

する職業野球団を警戒してきた。読売新聞によって報道された「野球革命時代来る！　一流選手相次いで参加」という記事では、まるで挑発するかのように、職業野球団入りするであろう選手たちを写真付きで紹介していた。

前触れともいえる記事を裏付けるように、大学に入るはずだった前途有望な中等学校生はもとより、立教の景浦、明治の野口といった現役の学生までもが次々と奪われ、各校とも甚大な損害をこうむってしまった。

オリンピックの東京大会が実現すれば、野球は競技として採用される。そうなれば、ベルリン大会で検討したときと同じように六大学を中心としたチーム編成が求められるだろう。いまから優秀な中等学校生を獲得していくことは必須といえる。会長の平沼はベルリン大会を取り仕切る団長にも任命されているからなおさらである。

職業野球団に邪魔をされるのは、もうご免だ。断固とした態度をとり、いまこそ関係を絶つべきである。都市対抗野球連盟に続くように東京大学野球連盟も職業野球団の役員などについて兼任することを認めないとする方針を決定したのだった。これで連盟関係者は一切職業野球と交流ができない。

手厳しい対応に日本職業野球連盟は頭をかかえた。先日の創立総会では、わざわざ平沼を招待し融和な雰囲気を演出したが水の泡となってしまった。チームの強化には、新しい選手の獲得が継続的に求められる。だが、これからは慎重にすすめなければならない。ましてや夢の舞台を目指して六大学を希望する者が多くなるだろう。背後にひそむオリンピックという、とてつもなく大きな相手に交渉人たちは気持ちをひきしめた。

## 東京オリンピック決定

オリンピック開催地の決定を前にして最有力候補のイタリアは、首相ムッソリーニの意向によりローマ開催を断念した。国際オリンピック委員会の副島《そえじま》道正がムッソリーニに直談判したのが功を奏したのかもしれないが、同じ軍国体制にすすむ日本と接近をはかるために配慮したようだ。スポーツと政治は、もはや無縁ではなくなっていた。

残る相手はフィンランドのヘルシンキだけになったが油断はできない。周辺の国々は、アジアの片隅よりも隣国での開催を望むに違いない。それに東京に対するの懸念もある。日本

棒高跳びで銀銅を獲得（アサヒ・スポーツ臨時増刊号、昭和11年8月23日、山際康之所蔵）

では、二月二六日の雪の日に、国家改造を目指した陸軍青年将校らによる反乱未遂事件が起きていた。首相官邸が襲撃され岡田啓介は難を逃れたものの大蔵大臣の高橋是清など閣僚が殺害されている。世にいう二・二六事件である。

はたして治安は大丈夫なのか。これ以上、軍の暴走はないのか。さまざまな見方が交錯しながら運命の投票日を迎えることになった。

各国が注目するなかで行われた投票の結果は、ヘルシンキの二七票に対して、東京は三六票であった。九票の差をつけて、ついに日本は悲願のオリンピック招致に成功したのである。会場は歓喜につつまれ、ここまで力を注いできた嘉納らの努力が報われた。

その喜びが日本にも伝わると、新聞の見出しは躍った。

「吾等の待望実現！〝東京〟遂に勝てり」「聖火・五輪の旗日本に来る！」

銀座では早くも五輪旗がなびく歓迎ぶりである。

現地で知らせを聞いたマンも小躍りしたに違いない。ベルリン、そして東京と続くオリンピックの開催へと、彼の構想が一歩も二歩も前へすすんだ瞬間である。マンは国際野球連盟設立のための準備を急いだ。

東京大会が決定した翌日、ベルリンオリンピックが開幕した。日本の代表選手たちは、次の開催国という朗報が勢いになったようで、陸上では田島直人が三段跳びで世界新記録を出して優勝した。日本は、この種目で三大会連続の金メダルの快挙である。棒高跳びでも西田修平と大江季雄が銀銅をわかちあい健闘した。

水泳での活躍も目覚ましい。一五〇〇メートル自由形や八〇〇メートルリレーなどで金メダルを獲得し、地元ドイツの人々を驚かせた。女子も二〇〇メートル平泳ぎ

平泳ぎで優勝した前畑（アサヒ・スポーツ14巻22号、昭和11年9月18日、山際康之所蔵）

でドイツのゲネンゲルと接戦のうえ前畑秀子が見事に勝利を勝ち取ったのだった。

日本以外の四八の参加国と地域も負けてはいない。オリンピック出場のために鍛錬してきた選手たちは世界の頂点を目指して競い、観客を熱狂させた。

連日のように熱戦が繰り広げられてきた大会も終盤にさしかかった八月一二日、公開競技による野球が実施された。夜の八時からにもかかわらず、会場となったオリンピック競技場は満員である。地元の新聞が野球についての記事を連載したり、予備知識のための講演会を開催したことが功を奏したようだ。

ベルリン大会での野球競技の入場券（山際康之所蔵）

開会式が行われた競技場は、最下部から最上部まで七一列の座席があり、収容人数は一〇万人をほこる。大規模な競技場を用意してまでの挙行は、米国との関係を重視したドイツの総統アドルフ・ヒトラーの思惑だったのではないか。ヒトラーは巧みにオリンピックを政治利用した。

野球競技の入場券は、一等席六マルク、二等席四マルク、三等席二マルク、立見席一マルクだった。陸上、水泳といった人気の競技は、一等席が四〇マルクだから六分の一ほどである。とはいうものの一マルクは約一円三〇銭で、コーヒー一杯一〇銭、帝劇での映画入場料一円が日本の相場だから、一等席六マルクとなるとドイツ市民にとってもけっして安くはない。

　にもかかわらず一〇万人もの人々が観に来たとは驚きである。これだけの観客数は本場の大リーグでもないだろう。遠い国からやって来た若者たちがグラウンドに登場すると割れんばかりの拍手となった。

競技を観戦するヒトラー（アサヒグラフ27巻9号、昭和11年8月26日、山際康之所蔵）

### ベルリン大会野球

　野球競技の対戦は、米国選手が世界チャンピオンとUSAオリンピックと名付けられた二チームにわかれての試合である。

　代表選手たちは前年に日本へ来た際に選抜されていたが、今回、ベルリンへ派遣するために改めて選考を実施し

野球が行われたオリンピック競技場（Die Olympischen Spiele 1936 in Berlin und Garmisch-Partenkirchen Band 2, 山際康之所蔵）

た。各都市から優秀な選手を投票により選び出し、二週間にわたる練習や試合の実践から採用が決まった。来日したときの一部の野手は残留したが、ほとんどが新しく採用された者ばかりである。

　待ちに待ったオリンピックの野球競技がいよいよはじまろうとしていた。しかし、そのチームのなかに肝心のベーブ・ルースの姿はなかった。本人から了承を得て待っていたにもかかわらず、何故なのだろうか。競技者ではないにせよ大リーグ選手だったことが制限の対象になったというのか。それともルース自身が出場に見合った条件の提示がされずに断ったのか。はたまた気まぐれなのか、理由ははっきりしない。

　ルースの存在を知るドイツ人は少ないであろうが、日米野球で見せたように観衆を楽しませる彼がいたならば、大いに魅了したに違いない。マンにとっては当てが外れたが、それでもこうして試合ができるだけでも前進である。気を取り直して、まずはこの試合を成功に導くのが先決である。

マンは自ら審判を務めると試合開始を宣告した。よく見ると、彼と一緒に判定にかかわる塁審のなかに、「T. Matsumuto」という日本人がいた。もしや、これは日本代表役員として派遣されていた松本瀧蔵のことだろうか。彼は大学時代に、米国から原書を取り寄せて翻訳して野球部員たちと研究をしていたほどだから知識は豊富である。審判の仕事くらいはお手のものだろう。

ベルリン大会での試合〔上〕
オリンピックに出場した選手たち〔下〕(The XIth Olympic games Berlin, 1936 official report volume 2, 国立国会図書館所蔵)

試合がはじまりだすと、観客は興味津々、若者たちの動きに注目した。ところが、どうしたことだろうか、いまひとつぎこちないように見える。それもそのはずで、なにせグラウンドは、一周四〇〇メートルのトラックの内側にある一〇五メートル×七〇メートルの場所に設置されていた。サッカー競技は想定していたが野球をやることまでは見越せなかったようで右翼は六〇メートルほどしかない。
芝にはファウルラインを示すための白いテープが張られ、バックネット代わりにサッカーのゴールネットが用意されていた。投手のマウンドはなく、照明が暗いから投げる方も打つ方もたまらない。

気温の変化にも悩まされた。夜になったせいか夏だというのにどこか肌寒く、提供された毛布でしのぐしかなかった。それでも大勢の観衆を前にして選手たちは全力で取り組んだ。試合は両チームが力を出しあう僅差の展開となっていった。

小さな球が行き来する様子を観客は根気強く目で追っていた。熱心な市民を支援するように、各回の合間には競技場に設けられた拡声器から試合についての説明がされている。あらかじめ選手名簿や規則などが解説された冊子も配布されていたが、野球に馴染みのないドイツ人にとっては、それでも難しく、どこで声援をおくっていいのかわからないようである。さすがの観客たちも試合の経過とともに時間をもてあますようになっていった。こんなときルースがいたなら、気をきかせた演出で、さぞや沸かせたであろう。

救いは休憩時間の余興だった。前回のロサンゼルス大会で観衆を引きつけたカリフォルニア楽隊が登場すると演奏が行われた。これなら楽しい。どこかほっとしたようで競技場は再び大きな歓声へとかわった。

試合は通常よりも短縮した七回までの形式ですすめられ、結果は六対五で世界チャンピオンチームが勝利した。満員の観客席から惜しみない拍手がおくられるなか、マンは東京での成功を確信した。

## 活気づくアマチュア野球界

マンは予定どおり、現地で国際野球連盟設立準備のための会議を開いた。オリンピックに参加した八カ国の代表を含む二五名が出席したが、マンは野球を恒久的な競技にすることを訴えた。そして国際野球連盟準備委員会の組織化について話し合われると、マンが委員長として指名されたのであった。

これをうけて翌週、国際野球連盟が正式に発足した。マンの熱意に賛同して出席したのは、当初の予想をはるかに上回り、米国、日本のほかにオリンピック開催国のドイツや英国など二一の国と地域を数えた。

連盟の発足にあたって役員を選出した結果、ベルリン大会で調査員兼任外国関係主事として現地にいた松本が副会長になった。明治大学で野球部のマネージャーをしたのち、ハワイ遠征では臨時の監督も務めたことのある彼は、いまでは大学の助教授になっていた。ベルリンの野球競技では塁審も務めたが、日本では金鯱軍を立ち上げた際に顧問をするなど、その活動範囲は実に広い。しかも生後間もなく米国に移民して育った彼は、国際性も兼ね備えている。マンにとって日本の協力は不可欠だから、松本の人選はまさに適任といえた。

ベルリン大会でルース監督を実現することができなかったが、次は東京だ。日米野球で熱烈な歓迎をうけたルースは、終了後に同伴していた妻のクレアとそのまま欧州へ足をのばして旅をしたが、日本とは違い英国では誰ひとり振り向いてくれない状況に不満をもらしていた。改めて英雄としてもてなしてくれた日本の良さを実感していたというから、喜んでやって来るに違いない。

こんどこそルースによるオリンピックチームを実現してみせる。マンは自信たっぷりに国際野球連盟委員を前にして宣言した。

「第一二回オリンピックが東京で開催と決定したから野球競技も確実的にそのプログラム中に編入されることであろう」

その熱意が通じたようで、東京では早くも野球競技が話題となり、招致委員会による競技場案として神宮球場があげられた。そうと決まれば次は代表チームである。オリンピックとなれば国をあげての総力戦になる。はたして、どのような人選になるのだろうか。

もし職業野球入りの話がなければ、慶應義塾大学から沢村、そして明治の野口、法政の藤村、立教の景浦といった選手たちが加わり、誰しもが認める最強の顔ぶれになったはずである。アマチュアとプロフェッショナルとの垣根があるだけに悔しい。

国民の関心は高まるばかりである。雑誌「野球界」では、野球が正式な競技になると、オリンピックにその人気が奪われてしまうのではないかと心配するほどだった。

聖火・五輪の旗日本に來る！

東京招致遂に勝つ

卅六票對廿七票の絶對多數

【ベルリン星野特派員卅一日發至急報】國際オリムピック委員會總會第二日は卅一日午前十時半（東京時間午後六時半）からホテル・アドロンで開會、午前中は一般的議題を審議し正午休憩、午後三時半から再開、愈よ第十二回大會開催地決定の議事に入り息づまる緊張裡に六時半（東京時間一日午前一時半）採決を行つた結果遂に見事東京に凱歌揚りこゝに東京市は正式に一九四〇年第十二回オリムピアードの榮えある開催地と決定した

【ベルリン星野特派員卅一日發至急報】投票の結果は東京三六票ヘルシンキ二七票である

演武館

野球場

オリムピック村

東京オリンピックの開催が決定〔右〕（読売新聞、昭和11年8月1日、国立国会図書館所蔵）
野球の競技場に神宮球場が浮上〔左〕（東京朝日新聞、昭和11年8月1日、国立国会図書館所蔵）

こうなるとアマチュア野球界が活気づく。昭和一一年夏の都市対抗野球大会は、前年優勝した東京倶楽部は宮武、永井ら主力が職業野球入りしたため大幅に戦力が低下していた。だが、タイガース入りを断念した真野が、残った選手たちとともにチームを奮起させると準々決勝まですすめる働きをみせた。

六大学でも話題が多い。春季のリーグ戦で明治大学が、実に昭和三年以来の優勝をはたしたのだった。野口がセネタースに入団するという予想外の出来事にもかかわらず、新監督の谷沢が手腕を発揮してチームをひとつにまとめた成果といえる。松木が誘いそびれた杉浦も谷沢の厳しい練習に耐え、遊撃手として勝利に貢献した。

一方、金鯱軍の誘いに目もくれず法政大学にすすんだ赤根谷は、入学早々の新人戦で早稲田大学を相手に無安打無得点を達成してあっといわせた。慶應、明治の試合でも投球はさえわたり、新人戦全勝で優勝に導いた。秋季になると本格的にリーグ戦で先発するようになり法政の柱となっていた。浪人生活を経て憧れの慶應義塾大学へ入学した楠本も二年目となり、投手の傍ら四番を打つなど打者として開花している。

もはやオリンピック出場は現実だ。アマチュアの世界を選んだ選手たちは夢を手にしようとしていた。

## 警察沙汰

職業野球の道へすすんだ者も技術を磨き、格段に進歩している。初年度となる昭和一一年のリーグ戦は、勝ち抜き戦と総当たり戦による単発の大会を、東京、名古屋、関西の各地で交互に実施していた。

春季に行われた大会では、巨人軍は二回目の米国遠征で不在だったが、セネタースは野口の力投により三大会連続で首位となった。続く夏季の連盟結成記念と銘打った大会では、山下、北井の投打の活躍により阪急軍が制覇している。グラウンドでプレーする姿を見ながら交渉人たちの喜びひとしおである。

巨人軍が帰国して全チームがそろった秋季になると、正式に各大会の首位に勝ち点があたえられ、その合計点で年間の優勝を決定することになった。沢村のいる巨人軍と、藤村、若林、景浦といった豊富な投手をかかえるタイガースが他を抜け出し調子がいい。特にタイガースは岡田、伊賀上といった中等学校出身者がそろう若い内野陣に、早稲田大学にいた小島が加入して打撃力が強化されたからあなどれない。その小島はベルリン大会で出場の名乗りをあげた早稲田大学の一員だった。オリンピックの夢が叶わなかった分、きっと職業野球で奮起するだろう。

それにしても選手層の充実が、そのまま成績に反映していることは一目瞭然である。リーグ戦の途中であったが、どこの球団も新たな戦力の必要性を感じていた。とはいえ、選手の獲得をめぐる度重なるいざこざで、大学、実業団との間に溝が深まっているので容易ではない。ましてや、東京オリンピックが決定し、六大学に流れていく選手たちが益々多くなってくる状況ではなおさらである。こうしたときに職業野球入りを希望する者など訳アリしかいないだろう。

立教大学を中退して大東京軍に入団したのは坪内道則である。大学を辞めた理由は、夜逃げ同然で合宿所からタイガースへ入団した景浦を手助けしたことが知れてしまったことにある。野球部に居づらくなった坪内は追われるようにして職業野球の世界に入ってきた。

都市対抗野球大会で常連の八幡製鐵の大岡虎雄もそうだった。彼は選手たちの怪我を公傷として認めてほしいと待遇をめぐって会社ともめていた。都市対抗の出場により八幡製鐵の名は全国に知られるようになった。これまでの努力を評価してほしいと、選手側の中心にいた大岡は進退をかけて訴えた。ところが会社の態度は煮え切らない。見かねた大岡は退部し巨人軍入りを決意したのだった。

彼はチームの中心打者で、昭和六年の日米野球の際には全米チームから二本もの本塁打を放っている。これまでさまざまな球団から好条件を出されても、職業野球ぎらいの彼は頑として首を縦にふろうとしなかった。しかし、いまは状況が違う。

知らせを聞いた市岡は、急いで大岡に会い事情を知ると、「ユニフォームを調整して送るのですぐに参加してほしい」と申し出た。ちょうど巨人軍は満洲に遠征するところで、大岡が現地で合流して試合に出場してくれれば文句なしである。

ところが、こうした動きを会社は察知したようで、翌日になると急転直下、公傷を認める見解を示してきた。職業野球入りする理由がなくなった大岡は、市岡に電報を打って入団を辞退すると、再び八幡製鐵のユニフォームに袖を通した。やはり、もめごとでもないかぎり職業野球入りする気などおきないようだ。大岡は幻の巨人軍選手となった。

　市岡が触手を伸ばしたもうひとり、法政大学の三森秀夫も同じく訳アリだった。彼は松山商業の時代に景浦とともに甲子園に出場している。とりわけ昭和七年の春の大会では投手として優勝し、夏にも準優勝となって注目をあびている。しかし、大学入学後はどうも力を発揮することができるような環境ではなかったようで、出場の機会にめぐまれない状態でいた。

　三森の力を眠らせておくにはもったいないと目をつけた市岡は、彼が東邦商業の選手たちを指導するために名古屋に立ち寄った際に声をかけた。

　彼自身も大学での生活がどこかしっくりとこないでいたためか、職業野球が魅力的にうつったようだ。市岡から出された契約書に、迷わず判を押したのだった。ただちに市岡は三森の入団を発表すると、巨人軍の選手

幻の巨人軍選手となった大岡〔左〕（ベースボール5巻10号、昭和10年10月1日、山際康之所蔵）

先輩涙の引止に
三森君セーフ
職業野球團と解約
申し譯ない
恐縮する三森選手
懇願され解除

警察沙汰になった三森の巨人軍入団（読売新聞、昭和11年7年月7日、国立国会図書館所蔵）

たちが滞在する神田の旅館へ連れ出して身を隠した。

三森がいなくなった野球部の合宿所は大騒ぎとなった。立教の景浦や明治の野口の件もあり、目を光らせていたというのに略奪されてしまうとは。行方不明の知らせが家族に届くと、烈火のごとく怒ったのは郷里の祖父である。わざわざ大学へ入れたというのに。東京で親代わりとなっていた医学博士の中村愛助のもとへ祖父から怒りの電報が送られた。

事態を知った博士は、神田の旅館にいるという噂を聞きつけると慌てて訪ね、本人の居場所を問いただした。だが囲っている選手らは獲られまいと必死で、あいまいな返答を繰り返すばかりであった。埒が明かないと判断した博士は、最終手段として中野署へ捜索願を提出したのだった。野球選手の雲隠れだったが、こうなると警察も本腰を入れて、やらないわけにいかない。

翌朝、署員が旅館を捜索すると、ようやく本人が発見された。騒動の大きさに驚いた三森は、改心したとみえ巨人軍との話を白紙に戻すことにしたのであった。署に呼び出された市岡も、これ以上大ごとになるのはまずいと、入団の解除に同意するしかなかった。

職業野球団と六大学との関係は、警察沙汰にまで発展してしまい、もはや修復不能である。両者の対立は決定的なものとなってしまった。

## 死ぬ前に

突然の出来事であった。昭和一二年七月七日、中国の北平郊外の盧溝橋付近で日本軍と中国軍との間で小規模な戦闘が起こった。現地で停戦協定を結び一旦は収束の方向を見せたが、前月に成立したばかりの近衛文麿内閣は派兵決定の声明を出すと、両国の戦いがいっきに燃えあがっていった。

はたして東京でのオリンピック開催は大丈夫なのだろうか。一カ月前に、ワルシャワで国際オリンピック委員会の総会が開かれ、東京大会での競技として、陸上、馬術など一四種目

柔道、野球も參加
東京大會の種目決定
【ワルシャワ本社特電】
會議經過

東京オリンピックで野球が競技として決定した（読売新聞、昭和12年6月11日，国立国会図書館所蔵）

を決定したばかりである。野球も柔道とともに公開競技として認められていた。開催国である日本は本来、世界と協調しなければならないはずだが、戦争へとつきすすもうとしている。世界中から視線が注がれた。

政府が中国との戦闘を北支事変として発表すると、国民の間に不安が広がっていった。その波紋は職業野球にもおよんできた。

洲崎球場では試合前に表彰式が行われようとしていた。前年のリーグ戦は、勝ち点の合計で並んだ巨人軍とタイガースが選手権を行い、沢村の三連投により見事に優勝をはたしていた。その勢いは今年の春季リーグ戦に入ってもかわらず巨人軍が優勝を遂げている。

この日の表彰は、巨人軍への優勝盃の授与のほかに、打率・三三八で首位打者になったタイガースの松木に楯と銀製バットが渡され、そして二四勝四敗、防御率〇・八一という見事な成績を残した沢村には最高殊勲選手の賞状が贈られる。

だが、沢村の顔にはどこか影があるように見えた。無理もない。実は数日後に、郷里の三重で徴兵検査が待っていたのだ。時間をかけるまでもなく、かたがつくであろうと思われていた中国との戦闘は拡大の様相を見せ兵員の増強が求められている。ただでさえ野球を職業にするくらいの体力だから検査になれば合格は間違いないだろう。そうなれば戦場行きは確実で死を意味する。遠い話と考えていた戦争がいっぺんに身近なものとなっていた。

徴兵検査をすませチームへ戻って来た沢村は沈んでいた。やはり結果は甲種合格であった。慶應義塾大学へすすんでいれば徴集が猶予され兵隊にとられることはなかったはずである。彼は巨人軍に入団してからもまだ慶應への未練があっただけに衝撃は大きい。はたして選択は正しかったのだろうか。秋季リーグ戦が開始されると、沢村は人がかわったように不振に陥った。

巨人軍は沢村のほかに捕手の内堀や松山商業出身の筒井らが入営することになっている。これ以上、兵隊にとられたらチームの編成ができなくなってしまう。またしてもアマチュア野球界を刺激することになるが、ここで補強しなければ死活問題だ。巨人軍は大量の選手を獲得していく方針を打ち出したのだった。候補にあがったのは、熊本工業捕手の吉原正喜、そして門司鉄道局投手の荒木政公、下関商業投手の藤本八龍である。

市岡は球団と連盟の仕事で多忙なため、今回の交渉はビジネスマネージャーの惣太郎が担当することになった。これまで彼は、日米野球でルースを招聘した実績はあるが、日本人相手の交渉ごとは、はじめてである。英語が堪能な彼は、候補の名前とともに、その仕事を表すであろう「スカウト」ということばを日記に記載して成功を誓った。

いざ、出発だ。惣太郎が向かった先は荒木のところであった。巨人軍の中等学校生に対する契約条件は、支度金三〇〇円、月給一〇〇円を基本とし、競争相手がいた場合は支度金五〇〇円、月給一二〇円にまでひきあげることとしていた。荒木のもとへは、早くもタイガースの田中、中川と阪急軍の村上が交渉をしている。タイガースと阪急軍が競い合っているだけに、お互いゆずらず値もつりあがっていくかもしれない。惣太郎は上限の支度金五〇〇円、月給一二〇円を念頭に交渉することにした。

父の丸九郎に会ってみると意外にも、本人が承知すれば巨人軍にやりましょうという、ありがたい返事だった。この調子なら契約も早い。ところが、そのことばを信じて面談をしたにもかかわらず、思わせぶりばかりでいっこうにすすまない。

それにおかしなことに、こちらが動くと他の球団も行動してくる。どうもこちらの様子が筒抜けのようである。それもそのはずで、タイガースの田中と中川は惣太郎が宿泊する旅館の女中を買収して彼の行動を見張らせると、逐一電報を使って報告させていたのである。不審に思った他の女中が惣太郎に電報の下書きを持ってきて、その企みが判明した。情報を駆使したタイガースの交渉術は戦略的な域に入っていた。

厄介な交渉になりそうだ。各球団が入り乱れる神経戦のなか、ここはひと息入れるのが得策だと、惣太郎は熊本へ移動することにした。

巨人軍に入団した川上〔左〕と吉原〔右〕（浪華タイムス、昭和13年8月30日、山際康之所蔵）

熊本工業のグラウンドに到着した惣太郎は、練習に励んでいる吉原を見つけると思わずうなった。動きは軽妙で塁への送球も機敏で実にいい。なによりも主将として仲間を束ねる姿がたのもしいではないか。これは噂どおりの捕手だ。
　バッテリーを組んでいる投手にも目を移してみると、そこには川上哲治がいた。左腕から投げ出される球は速度がなく、カーブの鋭さにも欠けている。吉原はいいが投手の方はだめだ。惣太郎が見切りをつけようとしたそのときである。彼の目が釘付けになった。打撃練習に入った川上は、人がかわったように、鋭い打球を遠くまで飛ばしはじめた。これは思わぬ掘り出し物のようだ。一緒なら交渉もしやすい。

惣太郎は、手はじめに吉原との交渉をすすめることにしたが、ここでもタイガースの中川が先回りをして準備を開始していた。しばらくすると大東京軍の鈴木や、翌年から日本職業野球連盟への参加を計画している南海軍も狙いを定めてやって来た。

おちおちしてはおれん。荒木で手間をくった分、ここでなんとか挽回しなければ。交渉を有利に展開させるために料亭にでも招き、まずは一杯といったところだが、不器用な惣太郎はそうしたことができない。その分、彼の誠実さは人を引きつけるものがある。足を運んで野球部後援会会長の信頼を得て仲介してもらうと、惣太郎にとっては、初となる契約成功にこぎつけたのであった。吉原への条件は、契約期間五年で支度金三〇〇円、月給一一〇円だった。職業野球がいつ潰れるかもしれないと不安だったようで、両親は長期の契約を求めた。

川上へ提示した条件も同じである。かねてより、彼のもとには明治大学や門司鉄道局から勧誘が来ていた。巨人軍からの話があるまでは、父の伊兵次も本人も安定している鉄道局へすすむことを望んでいた。しかし、契約書を見て考えは一変した。門司鉄道局は、せいぜい月に四〇円程度だが、巨人軍はその倍以上で三〇〇円の支度金まであるではないか。
借家を転々とする貧しい暮らしで弟たちはまだ小さい。大学やオリンピックといった名誉などなんの役にもたたない。そんなことより金を手にして家族を楽にしてやりたい。それに戦争がはじまり、いつ死ぬかもしれない身である。ならば、好きな野球がしたい。川上は巨人軍への入団を決意したのだった。

## 国際野球連盟からの書簡

オリンピックを記念した野球競技の葉書
(山際康之所蔵)

年が明けた昭和一三年一月、沢村は入営日を迎えていた。彼は読売新聞の取材に対して、「僕は自慢じゃないが人一倍強い腕をもっていますからボールの代わりに手榴弾を投げるときでも普通の者より遠くまで投げることができ、また僕が投げればコントロールは百発百中間違いないです」と答えると連隊の営門をくぐ

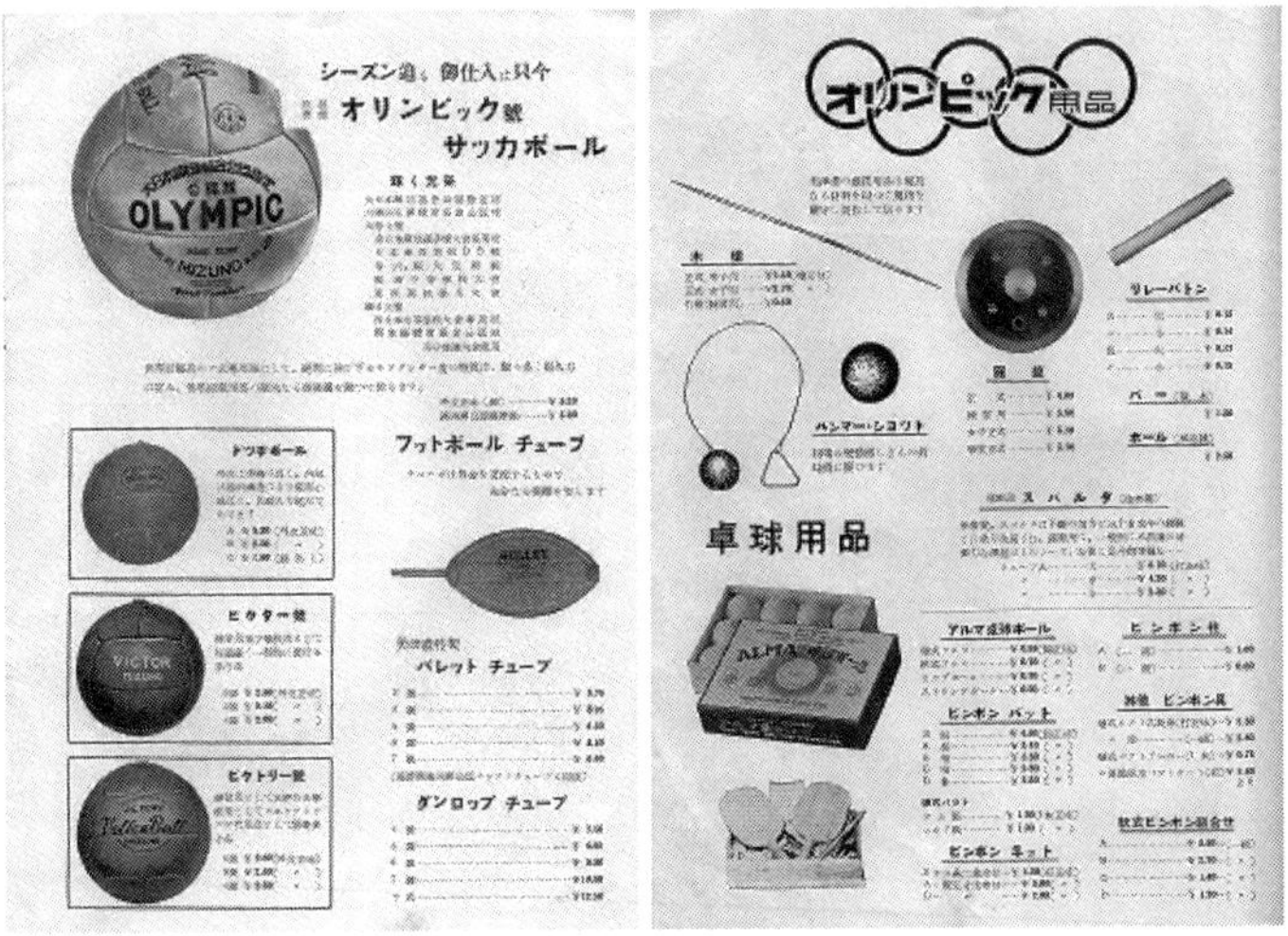


オリンピック用品の広告（春のスポーツ服装・用品商報　美津濃、昭和13年度、山際康之所蔵）

っていった。沢村と同じ年度に陸軍、海軍へ徴集された現役兵は、約一八万七〇〇〇人を数えた。

軍の増強はあきらかである。当然ながら、その姿勢は各国から疑問視された。交戦中の国がオリンピックを開催するなど前代未聞である。日増しに反東京大会への声が高まっていった。

オリンピックに浮かれていた国内でも批判が噴出していた。衆議院予算総会では政友会の河野一郎が首相の近衛文麿に、「政府は、はたしてオリンピックを開催する意向なりや否か」と迫っており、開催反対へ向けての意見がいっそう強まることが予想された。

そうした情勢を察知してか、国際野球連

盟のマンは日本の説得に躍起になっていた。彼の最大の目標は正式な競技種目にすることである。公開競技では試合日数がベルリン大会と同じように一日に限られ、出場する国はせいぜい二カ国である。これでは国際的な普及などほど遠い。マンは東京大会のオリンピック組織委員会に協力をあおいだ。

これに対して組織委員会は六大学を統轄する東京大学野球連盟と協議を重ねた。日本が正式競技に積極的に踏み込めなかったのは、オリンピックの出場チームを編成するにあたり六大学だけでなく東都、関西六大学など他の大学リーグや実業団を統合したアマチュア野球機関の設立がすすまなかったためである。このため国際野球連盟にも、まだ加盟できていない。

正式競技への申請は、カイロで開催される国際オリンピック委員会総会までが期限である。もし正式に採用されれば、マンがベルリン大会で構想したように再びルースが全米チームを率いてやって来るかもしれない。

引退してからもルースは日本を気にかけ、指導者やこれからの若い選手に対して、型にとらわれずに「スラッガーを求めよ」と声援をおくっている。来日が実現すれば、オリンピックへの関心とあわせて日米野球のとき以上に国民が沸きかえるのは間違いない。そうなれば、野球を目指そうとする若者たちがますます増えるだろう。東京大学野球連盟も熱が入る。

まずは各大学リーグの統合機関の立ち上げと国際野球連盟への加盟を行うところからであ

東京大会の英文の広報冊子（The XIIth Olympiad Tokyo 1940，昭和13年、山際康之所蔵）

る。カイロで提案すべく準備を急いだ。

しかし、カイロの総会がはじまってみると嘉納は、中国との紛争は早期に解決する、日本の準備体制は万全だと、各国へ力説してまわるのに精一杯であった。配布した英文の広報冊子のなかには、わずかながら野球も紹介されたが、厳しい意見への対応に追われるばかりでそれどころではない。一競技のために議題にあげることもままならず、とうとう総会は終了してしまったのであった。

カイロでの報告を聞いたマンは焦った。もし仮に、このまま公開競技になるのなら、競技日数はベルリン大会にならい一日に限られてしまう。そこで彼は、オリンピックの期間にあわせて東京で世界野球大会を開催し、準決勝までを実施したうえで、決勝を公開競技日にあてるという秘策を考えだしたのだった。

早くも各国との協議を開始しており、大会への参加表明や可能性のある国は二〇以上になっていた。これならば、現実的でかつオリンピックの効果を最大限に活かせる。マンは、日本に対して書簡を送り再度、協力を訴えた。

「野球をオリンピック正式種目になすべき努力をして欲しい」

それは、彼の悲痛な叫びのように聞こえた。

## 沢村栄治の世界記録

悲しい知らせが届いたのはカイロの総会からしばらくたってのことだった。なんと、嘉納が帰国の船のなかで肺炎により急死してしまったのである。彼の懸命な説得によりなんとか東京大会への理解は得られたが、その心労は大きかったのであろう。原動力を失った日本はいっきに下り坂を転げだした。

中国との戦で陸軍は早々に馬術競技への選手の派遣を取り止めていた。陸上競技の力をもって敵陣突破の先頭に、そして野球の手榴弾投げ、柔道は肉弾戦へと、軍は選手たちが鍛えた身体と精神を戦地に求めた。

競技場も候補地の選定に時間がかかり大幅に日程が遅れている。建設をすすめようとしても戦時下で資材調達が制限されているからどうしようもない。街では出征していく兵士を見送る日常で、人々はオリンピックに関心を持つ余裕などなくなっていた。もはや社会は戦時一色である。

七月一四日、ついに日本は第一二回オリンピック東京大会の返上を決定した。アマチュア選手たちの夢、そしてマンの理想はついえた。

東京大会中止の知らせが各国を駆け巡ると失望感が広がった。それは単なるオリンピックの問題ではなく、世界から孤立していく道を選んだのと相違ないからだ。もはや戦闘の拡大を防ぐための歯止めがなくなってしまったようにみえる。符合するかのように中国との戦争は激化し、多くの若者が戦地に送りこまれていった。

職業野球からも巨人軍の三原やセネタースの野口、そして山口が苦労して獲得した金鯱軍の濃人らが続々と入営していった。アマチュア職業野球か、とすすむべき道に悩んできた選手たちだが、もう選択の余地はない。戦地にいけば死だけが待っている。それを物語るように大東京軍で監督をしていた永井など四名が戦死したとの報せが入ってきた。

交渉人たちは心を痛めた。交渉の過程で、選手たちの生い立ちから家計状況に至るまで知りつくし、まるで自分の息子のように接してきた。なんとかしなければ。彼らがだした答えは選手たちを大学生にしたてて兵役を免れることだった。

徴兵の忌避は、逃亡、身体毀傷、詐病などの非合法なやり方があるが、大学へ入学させて徴兵を逃れる方法はいわば合法的ともいえる。すでに兵隊となってしまった沢村らは手遅れだが、いまいる選手たちや、これから入って来る者は救うことができる。

それにしても大学に世話になるとは、なんと皮肉なことであろうか。選手獲得の争奪戦で、あれほど苦労させられた相手だったが、こうなると天敵ではなく救いの神である。むしろ有無をいわさず戦場にひっぱっていく戦争そのものこそ憎むべき相手である。交渉人たちは出征していった選手たちを案じた。

その頃、沢村は手榴弾投げ演習で汗を流していた。中国との戦闘が激化して、いつ前線に出てもおかしくない。演習といえども命がけの真剣勝負である。彼は手榴弾を手にすると、いきなり六〇メートルもの距離を投げ周囲を驚かせた。野球のボールの三倍ほどの重さはある。普通の兵士なら、せいぜい三〇メートル程度である。

全米チームをきりきり舞いさせた沢村の剛腕は、そんなものではないはずだ。期待する師団長の前で、こんどは八三メートル、そして九二メートルとオリンピック競技のごとく更新していった。だが、それは戦争に加担するなんとも悲しい世界記録だった。

それを一番知っているのは沢村自身である。訓練のつかの間、彼は白球を手にすると、まるで心にしまっていた気持ちを晴らすかのように左足を高くあげた。軍服は着ていたが、その姿はまぎれもなくベーブ・ルースを三振に打ちとった、あの沢村栄治だった。

## 苦難の先に

どれだけ犠牲をはらったのだろうか。悲惨な戦争が終わり、未来を閉ざしたかのように見えた日本であったが、経済復興を遂げると、再び国際舞台へと戻ってきた。

昭和三九年一〇月一〇日、アジア初となる東京オリンピックが開幕した。雲ひとつない青空のもと、開会式は九四にもおよぶ国と地域の入場で華やかなものとなった。各国の行進がすすんでいくと、しんがりを務めるのは開催国の日本である。四〇〇名近くの選手団が登場すると競技場は割れんばかりの拍手である。幻となった戦前のオリンピックから二四年もの時を経ての実現に日本中が沸いた。

熱戦が期待される競技の方は、これから本格的にはじまる。陸上、水泳は無論のこと、昭和一五年の東京大会で実施されるはずだった野球も予定されていた。公開競技となった野球は神宮球場で日本と米国との対戦である。ここで成功を収めれば、正式な競技として認められる日がやってくるかもしれない。世界が注目するなか日本のアマチュア野球界は活気づいた。

くしくも同じ日、プロ野球は、リーグ首位同士による日本シリーズ第七戦が行われようとしていた。ここまで南海と阪神は、三勝三敗の五分で最終戦での決着となる。

パシフィック・リーグは、阪急と追いつけ追いこせの接戦のうえ南海が勝ち取った。水原が監督を務める東映も上位に食い込む白熱を演じたが、いま一歩およばずであった。

対するセントラル・リーグを制した阪神も三原率いる大洋に逆転で優勝した。その原動力はジーン・バッキーである。彼はつい先日、戦死した大投手の功績を称えて設けられた沢村賞を外国人としてはじめて受賞している。それにしても前年の覇者である読売をものともせずにリーグに勝利したチームの実力は本物である。球団の基礎を築いてきた冨樫は感無量だろう。

他のチームは上位二チームに大きくひき離された結果となった。特に中日は成績の不振で監督の杉浦が六月に休養するほどだった。戦前、松木が将来有望だと職業野球へ勧誘した杉浦だったが、その後、彼は大学院まですすむと明治大学の監督を務めた。戦後初のリーグ戦でプロ野球選手になると、翌年からは中日の監督も兼ねるようになった。しかし、戦前からの選手との溝は深く、統率力を発揮することができなかった。前年、再び監督として復帰したのだが、プロ野球選手としての経験が少ないためか、思うような指導ができないようにみえた。

杉浦と同じように戦後になってから指導者としてプロ野球へ入って来た者はまだいる。「早稲田の伊達、早慶戦三日連投の伊達の名を辱しめるな」とアマチュアにとどまった伊達である。巨人入りはもとよりゲーリッグからの大リーグ入りも断った伊達だったが、村上が球団役員を務める阪急にコーチとして招かれると、戦前の時間を取り戻すように投手の育成に専念した。つい数日前に、南海から米国へ野球留学した村上雅則が大リーグで勝利をあげたが、もし伊達がゲーリッグに誘われるままに入団していたなら歴史がかわっていたかもしれない。

戦後、遅れてやって来た選手もいる。八幡製鐵から三七歳で入団した大岡は、プロに入るなり、いきなり二六本もの本塁打を飛ばしてびっくりさせた。翌年も三四本を打ったが年齢には勝てず、わずか三年で引退してしまった。もっと早くこの世界に入っていたなら、とてつもない記録を生み出したであろう。職業野球入りを断ったのがなんとも悔やまれる。

そのほかにも女房に泣かれてタイガース入りを断念した真野や金鯱軍の山口が追いかけた赤根谷も乗り遅れるなとばかりに飛び込んだが、若い頃の力は影をひそめ成績を残すことはできなかった。若き日の分岐点が、その後の野球人生を大きくかえたようだ。

戦後のプロ野球は、鈴木惣太郎が進駐軍と掛け合って実現した東西対抗戦にはじまる。終戦からわずか三カ月後の試合は、戦争で打ちひしがれた社会に光をあたえると、いっきに国民的スポーツへと発展していった。その陰には、オリンピックのベルリン大会や国際野球連盟にかかわり、戦後初の国政選挙で衆議院議員になった松本の存在も忘れることはできない。

　交渉人たちによって職業野球入りした若者たちは、いまでは立派な指導者になっている。孝行息子の川上は、前年に読売を優勝に導き、この年も指揮をとっていた。一四歳の見習いからはじめた、あの西沢少年も杉浦のあとをうけてチームを統率する立場である。

　セントラルの一員である広島は、原爆による大きな被害を乗り越えて発足した球団である。設立にあたっては、広島出身で金鯱軍の交渉人をしていた山口らが地元に呼び掛けて実現したものであった。選手との交渉で理解を得られず悔しい思いをした山口だが、ようやく広島に恩返しができたようだ。奇遇なことに山口が獲得を逃した白石は、同窓の門前のあとをひき継いで広島の監督になっていた。

　いまや雑誌の表紙を飾るプロ野球選手は子供たちの憧れの的で、たいへんな人気である。まぎれもなく、その礎をつくったのは球団創設に奔走した人々と、職業野球と呼ばれた世界に飛び込んだ選手たちである。自分たちがすすんで来た道に間違いはなかった。球場から聞こえる大きな声援に男たちは目をほそめるばかりであった。

# おわりに――オリンピックと野球

オリンピックにおける野球競技の歴史は古く、一九〇四年に米国セントルイスで開催された第三回大会にさかのぼる。当時、オリンピックは、同時に催されていた万国博覧会の添え物のような扱いで、しかも簡素な競技場で挙行されたためか、さほど人々の関心をひくものではなかった。

その後、野球競技は、スウェーデンのストックホルムでも実施されている。日本は、この大会ではじめてオリンピックの舞台に登場したが、金栗四三がマラソンなどの陸上で出場するのに精一杯であった。

日本に野球競技の出場機会がめぐってきたのは、第一一回ベルリン大会のときである。それは米国オリンピック協会が、「呼物のひとつとして日本対米国の野球エキシビション試合がとり決められた」と発表したところからはじまった。国内で日米野球のためにベーブ・ルースらの全米チーム一行がやって来たちょうど翌日のことである。

実現に向けて動いたのは、米国オリンピック委員会の野球委員を務め、アマチュア野球協会会長であったレスリー・マンである。

ところが窓口となった六大学を統轄する東京大学野球連盟の方は、日本と米国にしか普及していない野球が本当に競技として実施されるのか半信半疑である。追い打ちをかけるように、ベルリンの大会委員会から、オリンピックに出場する日米の陸上、水泳の選手のうち野球の心得のある選手がチームを作って試合をやってくれればよいという話が伝わってきた。これでは派遣するまでもない。情報が錯綜するなか、日本は参加を辞退してしまった。

慌てたマンは来日して説得をこころみたが日本の反応は冷ややかだった。仕方なくマンは全米チームを二つに編成して大会に臨むことにした。加えてマンは引退まもないベーブ・ルースを監督にし、さらには野球をオリンピックの恒久的な競技として働きかけるための国際野球連盟を組織して彼を会長に据えるという壮大な計画を発表したのだった。

ベルリンでの試合当日、一〇万人を収容する競技場は満員となった。これだけの観客は大リーグでもないはずだ。しかしルースはベルリンの人々の前に現れることはなかった。

ベルリン大会の開催とあわせて次期候補地として決まったのが東京大会である。報せを聞き国民の期待が高まったのはいうまでもない。くしくも日本ではプロ野球が誕生した年であり、オリンピックとの因縁を少なからず感じる。

そうしたなか、世間の考えをいっぺんさせたのが日中戦争である。出征する家族や友人らを見送る状況で、もはやオリンピックどころではない。ついに日本は東京大会を返上することを決定したのである。直前まで正式競技に向けて奔走していたマンの夢は、とうとうたたれてしまった。

一九四〇年、中止になった東京大会にかわるべきものとして、満洲国、比島などが参加した東亜競技大会が開催された。野球競技は現実のものとなり、明治大学監督の谷沢梅雄が率いる日本チームには、のちに巨人軍に入団した明治の藤本八龍こと英雄らが代表選手として参加した。しかし、世界から祝福されない大会は、オリンピックとはほど遠いものであった。

再び日本がオリンピック開催に向けて動きだしたのは、戦争が終わり経済復興の兆しが見えた頃である。国際社会への復帰を夢みて一九六四年の第十八回東京大会が実現した。このとき野球も公開競技として日の目をみることになった。

開会式の翌日、神宮球場では四万人の観衆のなか野球競技が行われた。参加したのは日本と米国の二カ国のみで、来日した米国代表チームは、日本の学生選抜チームと社会人選抜チームのそれぞれと対戦した。記念すべき日本の結果は、学生選抜は引き分けたものの社会人選抜の方は敗退であった。オリンピック組織委員会委員長の安川第五郎は、「将来はオリンピックの正式種目になることを望みます」と述べたが、勝敗以上に競技として復活した意義は大きかった。

しかし、それからの道のりは、まだ続く。各国参加による野球競技がようやく具体化したのは、一九八四年の第二三回ロサンゼルス大会である。この大会で日本は開催国の米国を倒して見事に金メダルを獲得している。その後、ソウル大会を経て、参加国の広がりをみせていくとバルセロナ大会でようやく正式な競技となった。マンが奮闘したベルリン大会から実に半世紀以上もの時間を要したことになる。

オリンピックにおける野球競技の変革は、国際オリンピック委員会ＩＯＣの方針転換により二〇〇〇年のシドニー大会からプロ野球選手の参加が解禁されたことであろう。もうこれでアマチュアを続けオリンピックに出場するか、プロ野球の世界に飛び込むかという運命の選択はない。

以降、プロ野球選手が参加するなかアテネ、北京と実施され恒久的な運営が期待されたところに、またしてもロンドン大会で競技種目から除外されることになってしまった。マンは野球競技の世界的普及を目指したが、その壁はいまだに越えることができていないようだ。

そして、二〇二〇年の東京での開催が決まると、再び野球は正式競技として復活することになった。これまでの歴史を振り返ると、競技に出場する選手たちも、応援する観客も感慨深いものがある。

オリンピックと野球が好きな日本人にとって、東京大会はまさに両者が融合して夢を体現する空間である。多くの人々の記憶に残る熱戦が待ち遠しい。

山際康之

# 引用・参考文献

## 第1章　プロとアマ


鈴木惣太郎『日本プロ野球外史』ベースボール・マガジン社、一九七六年

『日米野球交流史』ベースボール・マガジン社、二〇〇四年

『スポーツ』二巻一号、誠文堂、一九三二年

腰本寿「対立教戦を観て」『ベースボール』三巻一号、ベースボール社、一九三二年

飛田忠順 編『早稲田大学野球部五十年史』早稲田大学野球部、一九五〇年

庄野義信 編『六大学野球全集』アテネ書房、一九七七年（一九三一年発行の復刻刊行）

伊達正男『私の昭和野球史』ベースボール・マガジン社、一九八八年

『ベースボール』三巻一号、ベースボール社、一九三二年

森茂雄「球界偶感録」『スポーツ』二巻一号、誠文堂、一九三二年

野球体育博物館 編『野球殿堂２０１８』野球体育博物館、二〇一八年

駿台倶楽部明治大学野球部史編集委員会 編『明治大学野球部史　第一巻』駿台倶楽部、一九七四年

ヘンリー・ゲーリッグ「日本チームの打撃について」『ベースボール』三巻一号、ベースボール社、一九三二年

フランク・レフテー・オドウール「野球に乗って日本縦断」『ベースボール』三巻一号、ベースボール社、一九三二年

読売新聞１００年史編集委員会 編『読売新聞百年史』読売新聞社、一九七六年

『学生ノ行フ野球ノ統制並施行ニ関スル件』文部省、一九三二年（昭59文部〇二五一八一〇〇、国立公文書館）

山川建『野球統制の話』文部省、出版年不明

鯉城散史「あけてくやしや玉手箱」『野球界』二二巻六号、野球界社、一九三二年

祖城生「運動界時の話し」『野球界』二二巻六号、野球界社、一九三二年

横井春野『日本野球戦史』日東書院、一九三二年

『野球界』二二巻九号、野球界社、一九三二年

関三穂『プロ野球史再発掘　7』ベースボール・マガジン社、一九八七年
慶應義塾野球部史編集委員会 編『慶應義塾野球部史』慶応義塾体育会野球部・三田倶楽部、一九六〇年
鈴木惣太郎『プロ野球今だから話そう』ベースボール・マガジン社、一九五八年
佐々木隆『メディアと権力』中公文庫、二〇一三年
鈴木龍二『プロ野球と共に五十年　上』恒文社、一九八四年
大和球士『改訂新版　野球百年』時事通信社、一九七六年
吉村昭『関東大震災』文春文庫、一九七七年
佐藤光房『もうひとつのプロ野球』朝日新聞社、一九八六年
阪急学園池田文庫 制／編『小林一三記念館　公式ブックレット』逸翁美術館、二〇一一年
阪急ブレーブス・阪急電鉄株式会社 編『阪急ブレーブス五十年史』阪急ブレーブス、一九八七年
梁瀬次郎『轍わだち　1』ティー・シー・ジェー、一九八一年
野口務『巨人軍二十年史』オールスポーツ新聞社、一九五四〜一九五五年（『オールスポーツ』連載）
伊達正男「職業野球団出現への待望」『野球界』二二巻一一号、野球界社、一九三二年
『野球界』二二巻一三号、野球界社、一九三二年
『別冊1億人の昭和史　昭和スポーツ史』毎日新聞社、一九七六年
日本野球連盟 編『都市対抗野球大会60年史』日本野球連盟・毎日新聞社、一九九〇年

## 第2章　密かな交渉

野口務『巨人軍物語』スポーツ世界社、一九四九年
伏見敏郎 編『太洋倶楽部史』函館文庫、一九五一年
春日俊吉「都市対抗野球の十人男」『野球界』二五巻一二号、野球界社　一九三五年
八幡製鐵所野球部『野球部史』八幡製鉄所野球部、一九三七年
越智正典『ジャイアンツの歴史 増補改訂版』恒文社、一九八四年
三原脩『風雲の軌跡』ベースボール・マガジン社、一九八三年

『野球界』二三巻一三号、野球界社、一九三三年
苅田久徳『天才内野手の誕生』ベースボール・マガジン社、一九九〇年
『ベースボール』四巻六号、ベースボール社、一九三三年
『ベースボール』二巻二号、ベースボール社、一九三一年
『ベースボール』四巻九号、ベースボール社、一九三三年
『ベースボール』五巻一〇号、ベースボール社、一九三四年
『ベースボール』二巻八号、ベースボール社、一九三一年
『ベースボールニウス』七八号、ベースボールニウス社、一九三四年
城北球児「球界の明星伊達君の結婚綺談」『野球界』二三巻九号、野球界社、一九三三年
水原茂『私の歩んだ野球生活』全国書房、一九六二年
水原茂『華麗なる波乱』ベースボール・マガジン社、一九八三年
鈴木惣太郎『不滅の大投手　沢村栄治』恒文社、一九八二年
沢村栄治『仇敵明石に破れて　京商野球部史』京商野球部ＯＢ会、一九八八年
『ベースボールニウス』八四号、ベースボールニウス社、一九三三年
毎日新聞社 編『選抜高等学校野球大会五〇年史』毎日新聞社・日本高等学校野球連盟、一九七八年
ホームラン編集部 編『歴代春夏甲子園メンバー表１００年大全集』廣済堂出版、二〇一九年
『ベースボールニウス』六二号、ベースボールニウス社、一九三四年
沢村賢二「日本一沢村投手の悲劇」『ベースボール・マガジン』一一巻一〇号、ベースボール・マガジン社、一九五六年
読売新聞大阪社会部 編『戦争　9』読売新聞社、一九八〇年
大日本体育協会 編『オリンピックの書』三省堂、一九三六年
デイビッド・ゴールドブラット／志村昌子・二木夢子 訳『オリンピック全史』原書房、二〇一八年
『野球界』二五巻一号、野球界社、一九三五年
沢村栄治「全日本軍のプレートを踏んで」『野球界』二五巻三号、野球界社、一九三五年

鈴木惣太郎『健棒！ 熱球！ ルースを語る』香風閣書房、一九三四年
ナターシャ・スタルヒン『白球に栄光と夢をのせて』ベースボール・マガジン社、一九七九年
三宅大輔「沢村について」『野球読本』高山書院、一九四七年
久慈次郎「父の野球人生」『Newsletter』Vol.14 No.3、野球体育博物館、二〇〇四年
函館太洋倶楽部 編『スコアボードが見ていた。』幻洋社、一九八六年
『ベースボール』二巻九号、ベースボール社、一九三一年
内堀保『ニック・ネームはジャイアンツ』誠文堂新光社、一九八六年

## 第3章　争奪戦はじまる

『新聞総覧　昭和7年』日本電報通信社、一九三二年
『新聞総覧　昭和10年』日本電報通信社、一九三五年
『野球界』二五巻五号、野球界社、一九三五年
『ベースボール』四巻八号、ベースボール社、一九三三年
藤井猪勢治「郷土へ帰った杉田屋君と語る」『野球界』二五巻一三号、野球界社、一九三五年
朝日新聞社 編著・日本高等学校野球連盟 編『全国高等学校野球選手権大会一〇〇回史』朝日新聞出版、二〇一九年
楠本美代子ほか『世紀の剛球投手　楠本保を語る』竹山九一、一九七五年
橋本一夫『幻の東京オリンピック』講談社学術文庫、二〇一四年
大日本体育協会 編『第十一回オリンピック大会報告書』大日本体育協会、一九三七年
『スポーツ日本』六八号、スポーツ日本社、一九三五年
『野球界』二五巻一二号、野球界社、一九三五年
永田陽一『東京ジャイアンツ北米大陸遠征記』東方出版、二〇〇七年
報知新聞社『プロ野球二十五年』報知新聞社、一九六一年
中日新聞社社史編さん室『中日新聞創業百年史』中日新聞社、一九八七年

明治大学商学研究所 編『明大商学論叢』第五一巻、第一・二号、明治大学商学研究所、一九六七年
松木謙治郎・奥井成一『大阪タイガース球団史』ベースボール・マガジン社、一九九二年
小林一三「職業野球団の創設」『改造』一七巻一号、改造社、一九三五年
『ベースボールニウス』一四三号、ベースボールニウス社、一九三五年
佐野眞一『巨怪伝　上』文春文庫、二〇〇〇年
『ベースボールニウス』一三二号、ベースボールニウス社、一九三五年
『ベースボールニウス』一四二号、ベースボールニウス社、一九三五年
『ベースボールニウス』一四〇号、ベースボールニウス社、一九三五年
大和球士「日本プロ野球球団史　金鯱軍」『野球界』四二巻五号、博友社、一九五二年
『ベースボールニウス』一三九号、ベースボールニウス社、一九三五年
『ベースボールニウス』一三八号、ベースボールニウス社、一九三五年
『野球界』二六巻一四号、野球界社、一九三六年
『ベースボールニウス』一四九号、ベースボールニウス社、一九三六年
阪神タイガース 編『阪神タイガース昭和のあゆみ』阪神タイガース、一九九一年
阪神タイガース『タイガース30年史』阪神タイガース、一九六四年
ベースボール・マガジン社 編『阪神タイガースヒストリー・トレジャーズ』ベースボール・マガジン社、二〇一五年
近藤唯之『阪神サムライ物語』現代企画室、一九七六年
大和球士「プロ野球大選手群像」『ベースボール・マガジン』九巻七号別冊附録、ベースボール・マガジン社、一九五四年
『ベースボールニウス』一三四号、ベースボールニウス社、一九三五年
『ベースボールニウス』一四四号、ベースボールニウス社、一九三六年
岩瀬彰『「月給百円」サラリーマン』講談社現代新書、二〇〇六年
近藤唯之『プロ野球監督列伝　下』現代企画室、一九七七年

浜崎真二『球界彦左自伝』恒文社、一九七八年
藤村富美男『タイガースと共に』日刊スポーツ新聞社、一九五九年　日刊スポーツ連載
冨樫喜久 編・池添礼子ほか『華の生涯』現代創造社、一九八八年
『日本職業野球連盟公報第一号』日本職業野球連盟事務局、一九三六年
ジュールズ・ボイコフ／中島由華 訳『オリンピック秘史』早川書房、二〇一八年
読売新聞社運動部 編『日米大野球戦グラフ』読売新聞社、一九三一年
『ベースボールニウス』一四一号、ベースボールニウス社、一九三五年

## 第4章　あの手この手

永田陽一『ベースボールの社会史』東方出版、一九九四年
白石勝巳『背番8は逆シングル』ベースボール・マガジン社、一九八九年
『スポーツ日本』四七号、スポーツ日本社、一九三五年
小林一三『小林一三日記　第一巻』阪急電鉄、一九九一年
『東京六大学野球80年史』ベースボール・マガジン社、二〇〇五年（B.B.MOOK三六六　スポーツシリーズ No.249）
近藤唯之『プロ野球監督列伝　上』現代企画室、一九七七年
『ベースボールニウス』一四七号、ベースボールニウス社、一九三六年
景山文蔵「阪急入りの宮武君と語る」『野球界』二六巻五号、野球界社、一九三六年
『野球界』二五巻一四号、野球界社、一九三五年
小島六郎「職業野球団への関心」『野球界』二六巻一号、野球界社、一九三六年
『野球界』二六巻二号、野球界社、一九三六年
谷津住男「職業野球團の底流」『野球界』二六巻四号、野球界社、一九三六年
有馬頼寧／尚友倶楽部・伊藤隆 編『有馬頼寧日記　3』山川出版社、二〇〇〇年
中川正人『日本職業野球団の陣営』竹中書房、一九三六年

小西得郎『したいざんまい』実業之日本社、一九五七年
鈴木龍二『プロ野球・こんなこと』ベースボール・マガジン社、一九五六年
サトウ・ハチロー『青春野球手帖』石狩書房、一九四九年
ベーブ・ルース／宮川毅 訳『ベーブ・ルース自伝』ベースボール・マガジン社、一九七三年
ロバート・クリーマー／宮川毅 訳『英雄ベーブ・ルースの内幕』恒文社、一九七五年
「米大リーグ輝ける1世紀」『週刊ベースボール』三三巻二八号増刊号、ベースボール・マガジン社、一九七八年
若林忠志「プロ生活の思ひ出」『ボールフレンド』一号、若林忠志、一九四八年
谷津住男「職業野球は果たして儲かるか」『野球界』二六巻八号、野球界社、一九三六年
『ベースボールニウス』一三〇号、ベースボールニウス社、一九三五年
中日ドラゴンズ 編『中日ドラゴンズ四十年史』中日ドラゴンズ、一九七五年
西沢道夫『私の野球修行』プロ野球選手自叙傳集、丸ノ内書房、一九四八年
五十公野清一『あゝ、栄光の日よ』光文社、一九四九年
坪内道則『風雪の中の野球半世記』ベースボール・マガジン社、一九八七年
大阪歴史博物館・毎日新聞社 編『特別展ファンと歩んだ70年 阪神タイガース展』阪神タイガース展実行委員会、二〇〇五年
『ベースボールニウス』一四五号、ベースボールニウス社、一九三六年
久保田正次 編『立教大学野球部史 昭和十年度』立教大学野球部、一九三六年
『ベースボールニウス』一四九号、ベースボールニウス社、一九三六年
杉浦清『ユニフォームは知っている』黎明書房、一九五五年
有馬頼寧・大和球士「連載対談 セネタース事始め」『ベースボール・マガジン』一〇巻八号、ベースボール・マガジン社、一九五五年
伊藤黎二「職業野球団総まくり」『野球界』二六巻六号、野球界社、一九三六年
出野哲也『メジャー・リーグ球団史』言視舎、二〇一八年
『野球界』二六巻九号、野球界社、一九三六年

野口二郎『私の昭和激動の日々』ベースボール・マガジン社、一九九〇年
『ベースボールニウス』一五四号、ベースボールニウス社、一九三六年
鈴木龍二・小西得郎・苅田久徳・大和球士ほか「プロ野球二五年　あの頃、この頃」『ベースボール・マガジン』四巻八号、ベースボール・マガジン社、一九六一年
桜井正四郎「英國に於けるプロの擡頭」『野球界』二六巻九号、野球界社、一九三六年
Josh Chetwynd：*Baseball in Europe*, McFarland & Company, Inc, Publishers, 2008.
Eric Enders：*100 Years of the World Series*, Barnes & Noble, 2003.


**第5章　選択の行方**


野口務『連盟の沿革及組織』東京巨人軍叢書二号、大日本東京野球倶楽部、一九三九年
大橋正信 編『関西六大学野球四十年史』関西六大学野球連盟、一九七二年
安倍源基『昭和動乱の真相』中公文庫、二〇〇六年
『アサヒ・スポーツ』臨時増刊号、オリンピック写真画報、朝日新聞社、一九三六年
『アサヒ・スポーツ』臨時増刊号、オリンピック写真画報第二号、朝日新聞社、一九三六年
『アサヒ・スポーツ』一四巻二二号（第十一回オリンピック大会特別号）朝日新聞社、一九三六年
Die Olympischen Spiele 1936 in Berlin und Garmisch-Partenkirchen Band 1, Cigaretten Bilderdienst, 1936.
Die Olympischen Spiele 1936 in Berlin und Garmisch-Partenkirchen Band 2, Cigaretten Bilderdienst, 1936.
『アサヒグラフ』二七巻九号、朝日新聞社、一九三六年
デイヴィッド・クレイ・ラージ／高儀進 訳『ベルリン・オリンピック１９３６』白水社、二〇〇八年
The XIth olympic games Berlin, 1936 official report volume 2, Organisationskomittee für die XI. Olympiade Berlin 1936 E. V, 1937.
Mark Maestrone：A 1936 Olympic Baseball Extravaganza, *Journal of Sports Philately* Vol.36, No.3, 1998.
吉田五郎「野球のオリンピック進出！」『野球界』二六巻一二号、野球界社、一九三六年
松本満郎「父・松本瀧蔵の想いで」『Newsletter』Vol.26 No.2、野球体育博物館、二〇一六年

広瀬謙三『日本野球十二年史』日本体育週報社、一九四八年
文野光翁『猛将大岡虎雄の生涯　下巻』北九州自費出版センター、一九八七年
第十二回オリンピック東京大会組織委員会 編『第十二回オリンピック東京大会組織委員会報告書』第十二回オリンピック東京大会組織委員会、一九三九年
臼井勝美『新版　日中戦争』中公新書、二〇〇〇年
川田稔『昭和陸軍全史　2』講談社現代新書、二〇一四年
太平洋戦争研究会 編・森山康平『日中戦争の全貌』河出文庫、二〇〇七年
一ノ瀬俊也『皇軍兵士の日常生活』講談社現代新書、二〇〇九年
鈴木惣太郎『川上選手誕生史』スポーツニッポン新聞社、一九五九年（『スポーツニッポン』連載）
鶴岡一人・川上哲治・西本幸雄・稲尾和久『私の履歴書　プロ野球伝説の名将』日経ビジネス人文庫、二〇〇七年
川上貴光『父の背番号は16だった』朝日新聞社、一九九一年
『浪華タイムス』昭和一三年八月三〇日号、浪華タイムス社、一九三八年
『春のスポーツ服装・用品商報　昭和一三年度』美津濃、一九三八年
『ベースボールニウス』二〇二号、ベースボールニウス社、一九三七年
The XIIth Olympiad Tokyo 1940, The Organizing Committee of the XIIth Olympiad Tokyo 1940, 1938.
XIIth Olympiad Tokyo 1940: general rules and programme, 1938.
『第十二回オリンピック東京大会一般規則及びプログラム』第十二回オリンピック東京大会組織委員会、一九三八年
内閣情報局 編『写真週報』八号、内閣印刷局、一九三八年（JACAR〔アジア歴史資料センター〕Ref. A〇六〇三一〇六〇三〇〇）
『日本野球連盟ニュース』第二二号、日本職業野球連盟事務局、一九三八年
『日本野球連盟ニュース』第二三号、日本職業野球連盟事務局、一九三八年
大井廣介『プロ野球22シーズンとトラブルの歴史』ベースボール・マガジン社、一九五六年

『アサヒ・スポーツ』一五巻二八号、朝日新聞社、一九三七年
関三穂『プロ野球史再発掘　2』ベースボール・マガジン社、一九八七年
沢村栄治・笹崎僙「帰還二勇士戦争とスポーツを語る」『「文藝春秋」にみるスポーツ昭和史』文藝春秋、一九八八年
『野球界』三〇巻一四号、野球界社、一九四〇年
『野球界』二八巻一三号、野球界社、一九三八年
藤本定義『藤本定義の実録プロ野球四十年史』恒文社、一九七七年
中国新聞社 編『V1記念広島東洋カープ球団史』広島東洋カープ、一九七六年

## おわりに——オリンピックと野球

『東亜競技大会報告書』東亜競技大会委員会、一九四一年
『東亜競技大会参加代表選手団一覧』発行元・出版年不明
『第18回オリンピック競技大会東京都報告書』東京都、一九六五年
『いざ東京２０２０　五輪野球特集号』エス・アイ・ジェイ、二〇一九年

## 全体（書籍）

『昭和史全記録』毎日新聞社、一九八九年
上田正昭ほか 監『日本人名大辞典』講談社、二〇〇一年
秦郁彦 編『日本近現代人物履歴事典』東京大学出版会、二〇〇二年
校友調査会『帝国大学出身人名辞典　第1巻』日本図書センター、二〇〇三年（一九三一年発行の復刻刊行）
報知新聞社『定本プロ野球40年』報知新聞社、一九七六年
ベースボール・マガジン社 編『プロ野球70年史』ベースボール・マガジン社、二〇〇四年
ベースボール・マガジン社 編『日本プロ野球記録大全集』ベースボール・マガジン社、一九八五年
日本野球機構ＩＢＭ・ＢＩＳデータ本部 編『The official baseball encyclopedia: 1936-1990』日本野球機構、一九

九一年

**全体（新聞・雑誌等）**

朝日新聞　河北新報　国民新聞　新愛知　スポーツニッポン　東京朝日新聞　名古屋新聞
函館毎日新聞　読売新聞
写真週報　アサヒ・スポーツ
ベースボール　ベースボールニウス　ベースボール・マガジン　野球界
日本職業野球連盟公報　日本野球連盟ニュース

**資料・写真提供**

国立国会図書館　国立公文書館　アジア歴史資料センター
公益財団法人野球殿堂博物館
山際康之

**協力（五十音順）**

大河原芽氏　佐藤純子氏　関口貴広氏　茅根拓氏

**注記**

○右に記載している各章別の引用・参考文献は、最初に用いた章を示す。
　以降、繰り返し用いるものもある。
○写真の引用は、写真のそばに所蔵先を記載している。

**山際康之** やまぎわ・やすゆき

一九六〇年生まれ。桑沢学園理事長・東京造形大学学長。東京大学博士（工学）取得。ソニー入社後、ウォークマン等の開発を推進し以降、製品、環境グローバルヘッドオフィス部門部長を担当する。エコデザインの研究を専門とし、『組立性・分解性設計』（講談社）、『分解デザイン工学』（東京大学出版会）等の著書がある。日本生産管理学会賞、日本設計工学会優秀発表賞等を受賞している。また、ノンフィクション作家として、『兵隊になった沢村栄治』（ちくま新書）の著書があり、『広告を着た野球選手』（河出書房新社）では第二六回ミズノ スポーツライター賞、『八百長リーグ』（KADOKAWA）でも野球文化學會学会賞を受賞している。

筑摩選書 0189

**プロ野球《やきゅう》 vs. オリンピック**
**幻《まぼろし》の東京五輪《とうきょうごりん》とベーブ・ルース監督計画《かんとくけいかく》**

二〇二〇年四月一五日　初版第一刷発行

著者　山際康之《やまぎわやすゆき》
発行者　喜入冬子
発行所　株式会社筑摩書房
東京都台東区蔵前二-五-三　郵便番号 一一一-八七五五
電話番号　〇三-五六八七-二六〇一（代表）
装幀者　神田昇和
印刷製本　中央精版印刷株式会社


ISBN978-4-480-01697-3 C0375

筑摩選書 0029

## 農村青年社事件
### 昭和アナキストの見た幻

保阪正康

不況にあえぐ昭和12年、突如全国で撒かれた号外新聞。そこには暴動・テロなどの見出しがあった。昭和最大規模のアナキスト弾圧事件の真相と人々の素顔に迫る。

筑摩選書 0075

## SL機関士の太平洋戦争

椎橋俊之

人員・物資不足、迫り来る戦火――過酷な戦時輸送の重責を、若い機関士たちはいかに使命感に駆られ果たしたか。機関士OBの貴重な証言に基づくノンフィクション。

筑摩選書 0077

## 北のはやり歌

赤坂憲雄

昭和の歌謡曲はなぜ「北」を歌ったのか。「リンゴの唄」から「津軽海峡・冬景色」「みだれ髪」まで、時代を映す鏡である流行歌に、戦後日本の精神の変遷を探る。

筑摩選書 0078

## 紅白歌合戦と日本人

太田省一

誰もが認める国民的番組、紅白歌合戦。今なお40％台の視聴率を誇るこの番組の変遷を、興味深い逸話を交えつつ論じ、日本人とは何かを浮き彫りにする渾身作！

筑摩選書 0099

## 明治の「性典」を作った男
### 謎の医学者・千葉繁を追う

赤川 学

『解体新書』の生殖器版とも言い得る『造化機論』四部作。明治期の一大ベストセラーとなったこの訳書を手掛けた謎の医学者・千葉繁の生涯とその時代を描く。

筑摩選書 0153

## 貧困の戦後史
貧困の「かたち」はどう変わったのか

岩田正美

敗戦直後の戦災孤児や浮浪者、経済成長下のスラムや寄せ場、消費社会の中のホームレスやシングルマザーなど、貧困の「かたち」の変容を浮かび上がらせた労作！

---

筑摩選書 0154

## 1968〔1〕文化

四方田犬彦 編著

1968〜72年の5年間、映画、演劇、音楽、写真、舞踏、流行、図像、雑誌の領域で生じていた現象を前景化し、歴史的記憶として差し出す。写真資料満載。

---

筑摩選書 0155

## 1968〔2〕文学

四方田犬彦／福間健二 編

三島由紀夫、鈴木いづみ、土方巽、澁澤龍彦……。文化の〈異端者〉たちが遺した詩、小説、評論などを収録。反時代的な思想と美学を深く味わうアンソロジー。

---

筑摩選書 0156

## 1968〔3〕漫画

四方田犬彦／中条省平 編

実験的であること、前衛的であること、アンダーグラウンドであること。それが漫画の基準だった——。第3巻では、時代の〈異端者〉たちが遺した漫画群を収録。

---

筑摩選書 0157

## 童謡の百年
なぜ「心のふるさと」になったのか

井手口彰典

心にしみる曲と歌詞。兎を追った山、小川の岸のすみれやれんげ。まぶたに浮かぶ日本の原風景。童謡誕生百年。そのイメージはどう変化し、受容されてきたのか。

筑摩選書
0159

## 流出した日本美術の至宝
なぜ国宝級の作品が海を渡ったのか

中野明

明治維新の混乱のなか起きた日本美術の海外への大量流出。外国人蒐集家と日本人の間で起きた美術品を巡る知られざるドラマを明らかにし、美術流出の是非を問う。

筑摩選書
0163

## 骨が語る兵士の最期
太平洋戦争・戦没者遺骨収集の真実

楢崎修一郎

玉砕、飢餓、処刑——太平洋各地で旧日本軍兵士を中心とする約五〇〇体の遺骨を鑑定してきた人類学者は何を見たのか。遺骨発掘調査の最前線からレポートする。

筑摩選書
0165

## 教養派知識人の運命
阿部次郎とその時代

竹内洋

大正教養派を代表する阿部次郎。『三太郎の日記』で栄光を手にした後、波乱が彼を襲う。同時代の知識人との関係や教育制度からその生涯に迫った社会史的評伝。

筑摩選書
0170

## 美と破壊の女優　京マチ子

北村匡平

日本映画の黄金期に国民的な人気を集めた京マチ子。強烈な肉体で旧弊な道徳を破壊したかと思えば古典的で淑やかな女性を演じてみせた。魅力の全てを語り尽くす！

筑摩選書
0174

## 台湾物語
「麗しの島」の過去・現在・未来

新井一二三

ガイドブックよりも深く知りたい人のために！　台湾でも活躍する作家が、歴史、ことば、民俗、建築、映画、そして台北、台中、台南などの街と人々の物語を語る。